從官僚權鬥到崇禎悲劇，
明朝終局的權力迷局

冰火大明
封建帝國
末路的終章

人性、權力、貪腐
鮮活而複雜的大明帝國

黃如一 著

腐敗，作為一種慢性病，其病理特徵在明朝展現得可謂淋漓盡致
整整 276 年，這漫長而又循序漸進的過程將其發育機理一覽無遺

目錄

6 裂痕：慢性病的花樣病灶

- 6.1 大禮議的超級裂痕 …………………… 006
- 6.2 青詞宰相之神仙打架 ………………… 021
- 6.3 仙風道骨的腐敗畫圖 ………………… 033
- 6.4 嚴嵩父子的貪腐高潮 ………………… 048
- 6.5 留作忠魂補 …………………………… 057
- 6.6 海瑞上疏，剛峰一柱 ………………… 081

7 明非亡於崇禎，實亡於萬曆

- 7.1 文官召喚太監 ………………………… 102
- 7.2 權傾八百年 …………………………… 112
- 7.3 名垂青史巨權貪 ……………………… 123
- 7.4 資本主義萌芽 ………………………… 137
- 7.5 實亡於萬曆 …………………………… 148

目　錄

8　復發：閹黨歸來
　　8.1　九千九百歲 …………………………………… 158
　　8.2　黨爭三國殺 …………………………………… 173
　　8.3　夜空中的東林向你閃耀 ……………………… 186
　　8.4　鐵腕肅清 ……………………………………… 194

9　結局：崇禎的迷茫
　　9.1　明思宗先定個小目標 ………………………… 198
　　9.2　遼東將門養育大清崛起 ……………………… 203
　　9.3　關寧鐵騎，天下無敵 ………………………… 213
　　9.4　亡國亡天下 …………………………………… 232

10　結論

參考文獻

6

裂痕：慢性病的花樣病灶

這一次太監缺席了貪廉劇鬥，皇帝孤身一人對抗文官。

大禮議，一場看似無聊至極的嘴仗，其實暗藏著皇權與相權的堅決鬥爭。人類歷史上罕見的君臣對立出現在了大明的朝堂，導致官僚隊伍也產生了前所未有的內部撕裂。一個有資格代表明朝的著名貪官——嚴嵩就在這道比萬里長城還要壯闊的裂痕中應運而生。

解鈴還需繫鈴人，要鬥倒青詞宰相張璁，還得青詞更妙的夏言。要鬥倒青詞絕妙的嚴嵩和姦詐貪婪的嚴世蕃父子，既需要楊繼盛、沈煉的丹心報國，也得需徐階、高拱、李春芳一大批青詞高手忍辱負重。但另一邊陸炳、邵元節、陶仲文的花式腐敗又有誰能稍止？

海瑞，人類歷史上清正剛直的代表性人物，他生在這個汙濁的亂世，如一柄利劍，刺破長長的黑幕，成為這個時代最閃耀的飾品。但裂痕是慢性病毒最好的病灶，這個時代的裂痕堪稱五色斑斕，花樣百出，連海瑞最終都無法面對，難道真的只能訴診於李時珍，問問他對嘉隆萬三朝的這段慢性病史有何妙手良方？

6.1 大禮議的超級裂痕

宇航界有一個傳說，從太空艙裡用肉眼看地球，可以看到兩個人工製品，一個是萬里長城，一個是嘉靖朝君臣之間

6.1 大禮議的超級裂痕

的裂痕。

這也是極具中國社會特色和明朝時代特徵的政治現象，換個地方或者時代，這個皇帝早就死一百遍，甚至整個王朝都被推翻了。唯獨中華帝國大明王朝，出現這種君臣割裂反而是政治體系完全成熟穩定的象徵。但裂痕卻是慢性病毒最好的病灶，恰如肌膚被割開後最容易感染。貪官打造自己的團隊，最常用的手法就是在官僚隊伍中製造裂痕，在對立矛盾中尋找可以拉攏的人，現在皇帝和群臣產生一道公共裂痕，慢性病毒從未遇到過這麼好的病灶。

明武宗正德十六年（西元 1521 年），明武宗在親征（確切地說是遊玩）途中突然駕崩，由於他沒有子嗣，連親弟弟都沒有，於是大明進入了一個長達 37 天沒有皇帝的共和期，暫由首相楊廷和主持工作。最後，朝廷經議定，按禮法應由興王朱厚熜繼位。現任興王是明孝宗的弟弟已故興獻王（朱祐杬，「奪門之變」前曾被傳聞可能會繼承景泰帝帝位）的兒子，朝廷議定將其過繼為明孝宗之子，以明孝宗次子的身分繼位，這樣就保證了大明的世系沒有發生偏移。但事實上朱厚熜駕崩後的廟號為明世宗，表明後人還是認為世系在他這裡發生了轉移。

其實這種情況在歷史上並不罕見，也不會引起太大爭議，但在宋朝產生了所謂的「濮議」。宋仁宗（趙禎）無嗣，其堂兄濮安懿王趙允讓之子趙宗實繼位，既為宋英宗。宋英

007

宗繼位後大臣們討論名分問題，司馬光、范純仁等認為英宗已經過繼為仁宗之子，宜以仁宗為皇考（已去世的父皇），以濮王為皇伯考（已去世的皇伯）。

韓琦、歐陽脩等則認為濮王是英宗的生父，這個事實不能改變，濮王應該稱皇考，並在廟堂中以先父的禮儀祭祀，宋仁宗則稱皇叔考，以先皇的禮儀祭祀。此事史稱「濮議」，大臣們分為兩派，爭論了一年半，最終韓琦、歐陽脩一派獲勝，濮王稱皇考，三位堅持要求宋英宗稱濮王為皇伯考的御史呂誨、呂大防、范純仁被貶出京。這種事表面上不是天大的事，實際上蘊藏著一個非常本質性的問題——所謂中華帝國，到底一個公共管理體系，還是某一家一姓的私業？如果是私事，我愛認誰當爹是我自己的事，外人無權插手。但如果是一個公共管理體系，那就必須按公共秩序來辦，大家都有責任來維護，皇室之事無私事，都是公事。

明世宗的情況和宋英宗很類似，也存在親爹到底是皇考還是皇叔考的問題。但宋朝的「濮議」雖引起不小的波瀾，最終還算平穩解決，君臣也沒有大打出手。明世宗引發的「大禮議」卻曠日持久，無數宰相公卿、文武百官被杖責、罰俸甚至免官。文官隊伍本身也分成針鋒相對的兩派，爭得面紅耳赤，最終造成整個高層的嚴重撕裂，明中後期的很多問題都是在這道巨大的傷口中孳生發育。

造成如此嚴重對立撕裂的契機，是明世宗發現從選他當

皇帝，到過繼改宗，再到一切政事，均是由以楊廷和為首的文官們包辦，自己除了在已經擬定好的詔書上簽字蓋章外，還要按規定動作像木偶一樣被支來使去，完成各種儀式。最令人難以忍受的是，不僅是公事，文官們對皇權的侵犯如此深入到皇帝的私事，這讓14歲的明世宗很難接受，更難理解，傳說中的皇帝真是這樣當的？

其實中國社會發展到明代，皇帝還真就是這樣當的，只是有些少年不願面對現實，於是展開了頑強的抗爭。這種抗爭往往以某個形式上的細節為出發點，實際上是在爭奪中確定誰說了算的問題，如果這種細節皇帝說了都不算，那大政方針就更不算了，所以這是皇權和相權的本質之爭。明世宗也曾一度想避免劇烈鬥爭，嘗試拉攏文官們，先加封首相楊廷和為左柱國（正一品勛官），楊廷和謝恩領旨。

但接下來明世宗又賜禮部尚書毛澄黃金，卻被毛澄嚴詞拒絕，而且暴露了他在向文官行賄，想達到不可告人的目的。明世宗次年又想加封楊廷和為太傅，之前百餘年內閣大學士最高加銜只能到從一品少師，從無加正一品太師、太傅、太保先例，這個賄賂不可謂不重，但也被楊廷和嚴詞拒絕。明世宗多次下詔為其父追贈徽號，均被內閣封還，年輕的明世宗被連續當眾打臉，勃然大怒，終於與文官們撕破臉，鬥爭從暗中博弈到了擺上桌面。

明世宗發起這場鬥爭的首要節點就是楊廷和這個怪老

頭。楊廷和雖然主持朝廷議定明世宗入繼大統，但明世宗沒有必要感恩戴德，因為選他完全是根據禮法並由廷議通過的，不是他楊廷和的恩賜，這和王莽、董卓找些小孩來當皇帝完全不一樣。這就是中華帝國也是中國社會進入宋明階段後最重要的一個政治特徵──皇帝以科舉選拔官員，官員以禮法確定皇帝。君臣都是透過很客觀的公開程序選人，主觀上沒有什麼恩情可言，大家都是萍水相逢的陌路人，扮演好各自的公共角色即可，沒有私情可循。

楊廷和早在明武宗正德二年（西元 1507 年）入閣，正德七年（西元 1512 年）李東陽退休後，楊廷和晉升為少師兼太子太師、吏部尚書、華蓋殿大學士，正德十年至十二年（西元 1515 至 1517 年）因父喪回家丁憂三年，正德十三年（西元 1518 年）起繼續擔任首輔至今。明武宗駕崩後，楊廷和在沒有皇帝的情況下主持朝政 37 日，剷除了江彬等一眾奸佞，又牽頭議定了興王入繼大統，可見其在明廷之威望超然，堪稱是明中後期內閣制度成熟後相權的一個集中展現。但現在明世宗就是要勇敢地面對這座高峰，為皇帝把權力爭回來！

楊廷和、毛澄等朝臣安排明世宗改宗，一系列的詔冊措辭不可能沒有一點漏洞，明世宗就此發起了論戰。不過明世宗勢單力孤，學識水準也遠遠不及一大幫進士，剛開始處於嚴重下風。然而就和宋朝的「濮議」一樣，文官也並非清一色贊成楊廷和的觀點，見皇帝如此不屈，也有一些人站在了

皇帝這邊。但這其中跳得最厲害的幾個，卻未必都是堅持真理，更有可能是瞅準了機會，站到皇帝一邊，以期未來得到皇帝的寵幸。

這類人以新科進士張璁為首。張璁的人生也頗為勵志，他很小就有才名，很年輕就考中舉人，但連續七次會試都名落孫山，本來張璁已經準備放棄進士夢，以舉人出身去謁選州縣官（一般可以當縣裡的局長），但御史蕭鳴鳳卻透過星相算命，對他說：「從現在起，三年成進士，又三年會突然大貴！」這有點像蘇格蘭王子羅伯特・布魯斯（Robert Bruce）看見蜘蛛第八次結網的故事，張璁打起精神參加了第八次會試，果然高中二甲，已經四十七歲了。稍微有點遺憾的是，張璁沒有考選庶吉士，但一個更好的機會擺在他面前──皇帝剛登基就和群臣鬧翻，而且勢單力孤，身邊沒有一個人，那我現在趕緊站到他那邊，不就成了他的頭號親隨了嗎？

張璁精心炮製了一篇奏疏，論證了父母是人間最大的倫常，不能說當了皇帝就不認爹娘，明世宗的情況和漢哀帝（劉欣）、宋英宗並不完全相同，楊廷和刻舟求劍，實則是在黨同伐異！至於明世宗還健在的生母興獻王後蔣氏，雖然沒有當過皇后（甚至皇妃），但既然是現任皇帝的親媽，也可以冊為太后，排在昭聖慈壽皇太后（明孝宗皇后）之後，稱「本生母章聖皇太后」。

最重要的是，張璁敏銳地指出了楊廷和一個根本破

綻──在明武宗的遺詔（實為明武宗駕崩後楊廷和代擬）中，說明了是由興王朱厚熜繼位，沒說是皇太子朱厚熜。楊廷和先迎取興王到京師，再冊立為皇太子，再以皇太子身分繼位的做法與其自身的說法就自相矛盾。即便拋開言辭細節，楊廷和這幫人以漢哀帝和宋英宗為理論依據，但漢哀帝和宋英宗都是漢成帝（劉驁）和宋仁宗在世時就把他們過繼為子，以皇太子身分養育多年後才正當繼位。現在明孝宗都駕崩十幾年了，楊廷和這幫人代他做主，過繼一個兒子給他，再冊立為皇太子，這於常理也說不通。所以明世宗就是以明武宗弟弟的身分繼承了皇位，與父母輩無關。

張璁此文有理有節，連賦閒在家的楊一清都說：「就算是聖人活過來，也駁不倒他！」其實不需要活過來，當時碰巧有一位在世的聖人──王陽明。王陽明也表示非常欣賞張璁的議論（這可能與王陽明跟楊廷和關係不佳有關）。張璁說出了明世宗的心裡話，讓他非常感動。這一下子可搞糊塗一眾文官了，他們本來以為文官隊伍是鐵板一塊，這下出了個叛徒？大家紛紛痛罵張璁背德無恥，不遵公議，卻去阿附皇帝。張璁作為新科進士，尚未正式授官，剛冒頭就被認定為天下公敵，所以後來被文官階層視為一代鉅奸。

明世宗根據張璁的建議，著手奉迎生母入京的儀式，他堅持要以皇太后的禮儀入京，文官們則堅持要以王后的禮儀。明世宗生母蔣氏已經到了通州，聽說朝廷就她入京的禮

6.1 大禮議的超級裂痕

儀僵持不下，只好在通州暫駐。明世宗聽說了，終於忍不住爆發出來，淚如雨下，大哭說這個皇帝小子我不當了，回去繼續當藩王算了。朝臣們沒想到這個14歲的少年如此決絕，最後只好讓步，以皇太后禮奉迎蔣氏入京。之後明世宗和文官們達成了妥協，同意尊明孝宗為皇考，生父為「本生父興獻帝」。雖不是皇考，但避免了成為皇叔，而且也得到了一個帝號。但是張璁卻因犯了眾怒而被犧牲，進士實習期滿就任南京刑部主事，這算是二甲進士初授官的下限，關鍵是被逐離了北京權力核心。

之後，又陸續有人站在了明世宗一邊，右副都御史席書、禮部員外郎方獻夫、兵部主事霍韜、南京刑部主事桂萼等紛紛撰文為明世宗張目，尤其是王陽明弟子方獻夫提出「繼統不繼嗣」的理論，極大扭轉了形勢。明世宗嘉靖三年（西元1524年），明世宗召張璁、桂萼回北京，兩人一回京就發表了七篇論文。

文官們知道這兩個大敵回來，還敢大肆發文，不禁咬牙切齒，有傳聞說，文官們準備以當年打死王振黨羽馬順的方式，於上朝時在左順門徒手打死他倆！張璁、桂萼嚇得不輕，在武定侯郭勛（開國名將郭英之後）家躲了好幾天才敢出門，明世宗特旨授他們為翰林學士，也不敢接受。不過風頭過後，張璁、桂萼等約群臣當廷辯論，竟然舌戰群儒，不落下風。面對這個形勢，楊廷和非常憂慮，拿出宰相要挾皇帝

013

的慣用伎倆——以辭職作威脅。誰知明世宗不認明武宗是親哥，但他當年就坡下驢逐走劉健、謝遷的招式卻學了去——准奏！楊廷和大怒：「你小子耍賴！你當初威脅退位我們就怕了，現在我威脅要辭職你怎麼就不怕？老子就是不怕你怎麼的！門衛，下次不用放這個老頭兒進宮了！」

楊廷和的去職象徵著雙方競爭進入一個新階段，明世宗、張璁一方已經明顯逆轉形勢。

主管禮制的禮部是「大禮議」競爭的風暴眼，禮部尚書毛澄已於嘉靖二年（西元1523年）憤而辭職，三個月後氣病交加而死。朝廷召南京吏部尚書羅欽順接任，但羅欽順聲稱明世宗是想讓他去做違禮之事，堅辭不任。這時吏部左侍郎汪俊挺身而出，主動表示願意接任禮部尚書，並為維護禮制與明世宗作堅決鬥爭！楊廷和去職後，文官一時群龍無首，新任禮部尚書汪俊約吏部尚書喬宇一道，率廷臣73員力諫。

明世宗大怒，切責喬宇、汪俊。之後明世宗開始大肆任免高官，這段時間人事非常混亂，出現大量被任命的尚書、學士拒絕上任的情況，甚至內閣到底誰是首相都搞不清楚。最後明世宗詔已經退休的楊一清重回內閣，南京兵部尚書廖紀為吏部尚書，左副都御史席書為禮部尚書。楊一清、廖紀在大禮議中表現為中間派，他們只希望朝政能夠盡快安寧，四處調停。但所謂調停肯定是對皇帝比較有利的，中間派很容易傾向於皇帝一邊。至於席書就完全是明世宗一派的了，

6.1 大禮議的超級裂痕

之後陸續接掌吏部、禮部的桂萼、方獻夫都是明確的「保皇派」。

明世宗嘉靖三年（西元 1524 年）七月，在張璁、桂萼等人的積極策劃下，明世宗正式宣布尊生父興獻王為皇考，明孝宗為皇伯考。文官們見四年來的抗爭付之東流，非常痛心，大批朝臣自發彙集到金水橋南伏闕慟哭。明世宗大怒，將吏部稽勳員外郎馬理等 143 人逮入錦衣衛獄，審理後罰以廷杖，16 人被當廷打死！不過這並沒有嚇退正直的文官們，反而激起了他們心中「文死諫，武死戰」的無邊正義感。明世宗將生父的神主奉入太廟，這明顯違背禮法，因為興獻王確實沒有當過皇帝，不能奉入太廟，兩個月內，連續兩任首相蔣冕、毛紀相繼辭職抗議（是真的辭職抗議，不是被騙走）。更壯烈的一幕發生在一大群低階文官身上，他們的代表人物正是著名文學家楊慎。

楊慎，字用修，號升菴，楊廷和之子，明武宗正德六年（西元 1511 年）辛未科狀元，與解縉、徐渭一道被譽為「明代三大才子」，以宰相之子的身分考中狀元，卻無任何人懷疑他作弊，可見其文名冠絕天下，無人不服。楊慎本來才名遠播，但由於其父在閣，反而影響了他的仕途，初授翰林修撰（法定的狀元初授官，從六品）後十三年未得升遷。從這點看，楊廷和、楊慎父子確實做到了身居高位就要避嫌，哪怕是作出重大犧牲，人品家風極其高尚。嘉靖三年，明世宗詔

張璁、桂萼為翰林學士，楊慎率 36 名翰林官進言：「張璁、桂萼跟我們學術不同，現在陛下既然超擢他們，那說明要用他們那套學說，不用我們的程朱理學了，我們堅決不願與他們同列。」明世宗大怒，對他們罰俸處理，不過張璁、桂萼也確實被嚇倒，一時不敢到翰林院就職。

嘉靖三年（西元 1524 年）七月，發生左順門血案，馬理等 143 人遭到杖責，其中 16 人被當廷打死。本來明世宗以為如此野蠻的行徑足以令人一時噤聲，但事實恰恰相反，這更激發了楊慎等人捨身報國的堅強信念。楊慎召集在京的正德六年（西元 1511 年）辛未科進士二百四十餘人，再赴闕前力辯。這些人現在大部分都是翰林、御史、給事中、主事等六七品官，其實走到路上難免還是有人害怕，畢竟宋明五百年來都號稱不以言論殺士大夫，但這次突然當廷打死 16 人，可謂恐怖至極。

看到有些同學面露懼色，楊慎豪氣萬千道：「國家養士一百五十年，仗節死義，正在今日！」眾人聽了不再畏懼，隨他到左順門大哭抗議。明世宗更怒，將他們全部逮入詔獄，處以廷杖，楊慎被打得「死而復甦」。十天後，剛能起床的楊慎又約同年進士前往繼續抗辯，翰林檢討王元正，給事中劉濟、安盤、張漢卿、張原，御史王時柯響應，又遭杖責。這七君子被打得血肉模糊，楊慎、王元正、劉濟被貶官，其餘四人被削籍為民。楊慎被貶到雲南永昌衛（駐地在

今雲南保山），此處離京師萬里，但碰巧離楊慎的家鄉成都比較近，當地官吏對楊慎看管並不嚴，他時時可回成都居住。最後，楊氏父子均在家鄉過著閒雲野鶴的日子，直至終老。

到此，「大禮議」的高潮算是過去了，在這一連串劇烈鬥爭中，大多數文官表現得正直不屈，為維護禮法尊嚴勇於向最高皇權發起正面抗爭，有很多甚至不惜獻出生命。這本質上是明世宗意圖奪回皇帝實權和文官們堅守公共秩序之間的一次劇烈鬥爭，有一些文官趁機站隊，希圖倖進，這其中個人收益最大的還得算張璁。

張璁儘管在「大禮議」之初受了點挫折，被排擠到南京，甚至明世宗詔其為翰林學士都被翰林官集體抵制。但隨著「大禮議」的形勢逆轉，張璁、桂萼等人都迎來了春天。明世宗嘉靖四年冬（嘉靖四年主要在西元1525年，但此時按陽曆算已在西元1526年），張璁任太子詹事兼翰林學士，主管宗廟一切禮儀。儘管首相費宏明確宣稱要抑制張璁，御史言官也密集彈劾，但在明世宗的鼎力支持下，他還是很快升遷。嘉靖五年（西元1526年）七月，張璁晉升為兵部右侍郎，不久又晉左侍郎，代理都察院工作。嘉靖六年（西元1527年）十月，張璁以禮部尚書、文淵閣大學士入閣。此時距蕭鳴鳳替張璁算命，鼓勵他再考一次正好六年。嘉靖七年（西元1528年）一月，張璁加少保兼太子太保，六月就晉升為少傅兼太子太傅、吏部尚書、謹身殿大學士。嘉靖八年（西元

1529 年）九月，首相楊一清退休，張璁執掌內閣。嘉靖十三年（西元 1534 年）一月，張璁授少師兼太子太師、吏部尚書、華蓋殿大學士，官至極品。

除張璁外，桂萼、方獻夫等也相繼入閣，席書以武英殿大學士退休，霍韜雖中途一度得罪明世宗，最終仍得授太子少保、南京禮部尚書。「保皇派」雖然受盡文官的攻忤，但都得到了很高待遇。其實收益更大的是一位勳臣，就是眾臣準備打死張璁、桂萼時保護了他們的武定侯郭勛。郭勛也充當了「保皇派」，大受寵幸，特命掌管禁軍，不斷加官至太師、翊國公。而且明世宗還特許郭勛組織編纂了《英烈傳》，大肆弘揚其祖郭英的豐功偉業，甚至宣稱當年正是郭英射死了陳友諒（朱元璋統一全國最主要的競爭對手，鄱陽湖大戰中流矢陣亡）。明世宗居然表示相信，提高了郭英的待遇。本來只有徐達、常遇春等六位追封為郡王的勳臣有資格從祀太祖廟，現在特別把郭英也加進去。而且明世宗經常在不能親自主持祭祀時讓郭勛代為祭祀，這個光榮特權在明朝建立一百五十年來一般都是由徐達、常遇春的後代來執行，郭英實在是排不上號，現在郭勛真是光宗耀祖到了令各個勳貴家族都側目的地步。

不過郭勛仗著榮寵非凡，成了一個大貪官，到處侵占民田。更惡劣的是郭勛在京師開了一千多家店鋪，這不是當年皇店的翻版嗎？皇帝都把皇店革除了，你又來開你們家的

店?給事中、御史密集彈劾,但郭勛非常傲慢,毫不在意。明世宗嘉靖二十年(西元1541年),刑科都給事中高時彈劾郭勛貪縱不法十餘事,明世宗將郭勛逮入詔獄,羈押審查一年後死在獄中。

很多人把「大禮議」視為一場鬧劇,除了高潮階段力爭皇考、皇伯考的問題,其實多年後明世宗還在玩類似的遊戲,想把沒有當過皇后的祖母、母親都正名為皇太后,甚至想給沒當過皇帝的父親追贈一個「睿宗」廟號,享受太廟祭祀。其實「睿宗」這個廟號還真就是專門做這事的,元睿宗(奇渥溫·孛兒只斤·託雷)、金睿宗(完顏訛里朵,漢名完顏宗輔、完顏宗堯)都是生前沒當過皇帝,兒子當了皇帝後追贈的。但這種情況在金、元不會引起任何爭議,正因為他們就是典型的部落私家政體,在大明這樣做就不合禮法了。明世宗為了這樣做也耍了不少花招,甚至為了在太廟裡騰個空位置,把太宗的廟號都改成了成祖,然後把仁宗移到後殿,宣宗到孝宗依次往前提一位,總算把「睿宗」的牌位塞到了孝宗之後、武宗之前。

其實這些所作所為不是明世宗執拗,更不是無聊,而是他在不斷地試探文官,到底能不能由他說了算的問題,只是楊慎被流放後高潮就過了,明世宗也更富有鬥爭經驗,再鬥沒那麼劇烈罷了。這些作法造成了國家高層的嚴重撕裂,其實和劉瑾打造閹黨並無本質區別,甚至在程度上有過之而無

不及。「大禮議」造成的巨大裂痕比劉瑾閹黨不知嚴重多少倍，嘉靖、隆慶、萬曆朝近百年的歷史都籠罩在這道裂痕的血腥氣息之下。慢性病毒從未見過如此壯闊的裂痕，無比暢快地在一望無垠的撕裂血肉上尋找新的居所。這一次，它要轉變發展模式——空間太大了，不需要再像以前那樣偷偷摸摸地擠在某個角落，大明的官場將成為我們策馬奔騰的莽原！

當然，還需要一說的是，儘管「大禮議」令人皺眉，充滿了負能量，但其實這其中，受到不公正待遇的主角也並沒有你想的那麼沮喪，他和他的同僚們從來沒有為那場正義的鬥爭後悔過，也不曾為當時看來很不理想的結局而懊惱。因為他們用執著追求的不是一個結果，而是用壯麗的青春在黑暗的夜空中化作閃耀的星點，照耀歷史長河。他們已經做到了。

仁遠乎哉？我欲仁，斯仁至矣。

而就個人的人生而言，楊慎其實也不失敗。楊慎名義上被流放雲南，實際上大部分時間在成都老家奉養父母，同時鑽研學術。楊慎在經、史、詩、文、詞曲、音樂、金石、書畫、天文、地理、數學、生物、醫學方面均大有所成，「明代三大才子」的說法主要是為了借解縉、楊慎抬高徐渭，相當於硬說奧尼爾和科比是雙核，實際上楊慎是當之無愧的明代第一大才子。當然他在哲學方面的成就不敢與王陽明比肩，

但其實他對程朱理學和陽明心學都作出了不少批判性的發展，也無愧為一代鴻儒。儘管作為一位才華橫溢的狀元，未能位列公卿確實有點遺憾，但他的人生依然是非常成功而偉大的。

和王陽明在極度險境中寫下〈泛海〉一樣，楊慎在晚年悟透人生時也寫下了這首著名的〈臨江仙〉（因被毛宗崗用作《三國演義》開篇詞而廣為人知），與全天下守望正義而被銘刻在歷史豐碑上的人們共勉：

> 滾滾長江東逝水，浪花淘盡英雄。
> 是非成敗轉頭空，青山依舊在，幾度夕陽紅。
> 白髮漁樵江渚上，慣看秋月春風。
> 一壺濁酒喜相逢，古今多少事，都付笑談中。

6.2 青詞宰相之神仙打架

張璁能夠得寵，首先是因為在「大禮議」中堅定地站在了明世宗一邊，還有一個重要原因是他善寫青詞。

所謂青詞，是道教舉行齋醮時獻給上天的奏章祝文，一般為駢儷體，用紅色顏料寫在青藤紙上，要求形式工整、文字華麗。比如著名「青詞宰相」袁煒的這首代表作：

洛水玄龜初獻瑞，陰數九，陽數九，九九八十一數，數通乎道，道合元始天尊，一誠有感。

岐山丹鳳雙呈祥，雄鳴六，雌鳴六，六六三十六聲，聲聞於天，天生嘉靖皇帝，萬壽無疆。

很顯然，「青詞宰相」就是指一些靠寫青詞受寵，最終登閣拜相的人，張璁、夏言、顧鼎臣、嚴嵩、徐階、李春芳、郭樸、嚴訥、袁煒等一大批人都屬於這個行列。明世宗崇通道教，和他哥哥一樣，皇帝只是他們的副業。明武宗的第一職業是威武大將軍朱壽，明世宗的第一職業則是煉丹術士。既然知道煉丹術士熱愛道教文化，向他邀寵自然就要朝這個方向。當然，寫青詞也是很有技術含量的，不比寫八股文簡單。文官們都是進士出身，自然都是頂尖的八股文高手，但未見得都會寫青詞。有人是不屑於鑽營此道，但從一些「詞臣」邀寵的過程來看，不同的人青詞水準也是有高下之分的，而且差距還很大。

張璁最初以「大禮議」得寵，但此事逐漸淡化後，他能從好幾位「大禮議」功臣中脫穎而出，主要就是靠寫得一手青詞。張璁其實在歷史上有不少德政，其一就是前文所說劉瑾時代氾濫的皇莊、皇店，張璁入閣後牽頭進行了全面清理革除；其二便是革除了太監擅權之弊。由於劉瑾擅權給人們留下了巨大的心理陰影，世宗朝在張璁的牽頭下，重新強調了宦官不得干政的紀律並嚴加實施。

首先是各地和軍營中的鎮守太監、監槍太監一律革除；其次是勸說明世宗嚴厲告誡身邊的太監們老老實實做好服務員工作，不得干政；東廠雖然保留，但行為收斂，不得擅自外出刺探案情。所以，終世宗一朝以及其後的穆宗朝半個多世紀，宦官之弊得到治理，這一系列舉動一度讓明世宗被誤認為是一位奮發有為的少年賢君。張璁也因為這一系列力壓太監的強力舉措，得以和文官極大地緩和了關係，但在青詞這件事上，他最終還是被定性為一個諂媚皇帝的讒臣，為文官們所鄙夷。

　　明世宗以青詞為標準，挑選寵臣，算得是權謀史上的一個創新。中華帝國早早地拋棄了世襲官制，龐大的文官系統是從普通公民中挑選人才來充任的。那從上億普通公民中挑選出這三千多人，標準是什麼？文官們自己的標準是讀書讀得好的就是好人，該當好官。明世宗偏偏要換個標準，寫青詞寫得好的才是好人，才該當好官──然後我們看到底誰當官。

　　張璁還曾攛掇明世宗做另一件大事──改進士獨大為三途並舉。所謂「三途」是指進士、舉人、歲貢三種入官的途徑。進士是頂尖學歷；舉人是次一級的學歷；歲貢則是地方每年向朝廷推薦人才，在魏文帝（曹丕）創立九品中正制後、隋唐科舉考試制度發軔之前是中國的主流選官方式。明代的科舉制度已經很成熟，也非常嚴格。三千多個重要職務必須

由進士充任，主要包括京官、都布按三司主官、府州縣主官；舉人主要充任府州縣下設的中層幹部（大致相當於現代的局長）；歲貢生主要充任各級政府的低階文員。而且進士出身的官員被稱作「清官」，其餘官員被稱作「濁官」，這裡的「清官」不是和「貪官」相對應的概念，而是和「濁官」相對。

所謂「輕清上騰，重濁下凝」，清官在京官、地方主官這條上層路線流動晉升，濁官則在各級地方政府的中下層路線流動晉升，形成「清濁分流」。其實就算是進士，如何任用也是由考試成績客觀決定的，一甲、二甲、三甲、庶吉士的任用方法皆有規制，不由任何人隨意支配。人事制度越嚴格、越客觀，就對企圖攬權的人越不利，因為這樣他們就無法自由安排「自己人」去占據重要官位。中華帝國自唐宋以來這種嚴格以考試成績決定仕途的做法，在相當程度上束縛了權力，避免任人唯親、結黨營私，現在張璁實際上是想放鬆這種束縛。

張璁最初作出這種嘗試是因為他初入閣時，諸多翰林官恥於與其為伍，不聽從號令，讓他根本無法開展工作。張璁大恨，吹毛求疵地找到他們各種紕漏，將二十餘名翰林官均貶出翰林院。但趕走這些人又怎麼辦呢？這些官位還是需要人來填呀，按規矩還是得進士，而且按理說還必須是一甲或者庶吉士，張璁根本找不到那麼多符合條件的人，就算找來一樣也不會聽他的話。

翰林院、中書科倒是有很多低階文員似乎對張璁很恭敬，但他們又不符合條件，當不了翰林官。於是張璁省悟癥結的關鍵，提出放寬限制，三途並舉，不一定只有進士才能當這些官。張璁提出的理由當然冠冕堂皇，大致就是不拘一格用人才之類的，只要是好的人才就應該用到好的職位上之類。但所謂「人才」，這個標準怎麼確定？科舉考試本身是一個很客觀、公正的選拔方式，也是一道堅實的防火牆，嚴防著結黨營私者提拔「自己人」占據官位。張璁提倡以更寬鬆的規則選官，無非就是想繞開這道防火牆而已。歷史表明，張璁的這個企圖完全是失敗的，甚至激起嚴重反彈，明朝恰恰就是在嘉靖朝形成了愈發嚴格的選官制度，倖進之門愈發被堵死。

張璁想搞三途並舉，本質上是「大禮議」的一種延續，都是代表皇帝向文官（進士）這個群體要權。這種努力又歸於失敗後，明世宗專心玩起了他的青詞，他只能從極為有限的進士中精挑細選出勉強能合他心意的人。

明世宗第一位寵臣是張璁，最初常讓張璁撰寫青詞，張璁的水準也不差，但既然明確了這是一條倖進之路，就更有高手不斷湧現。《明史》認為第一位「青詞宰相」是顧鼎臣，其實這種說法不太準確。顧鼎臣只是「青詞宰相」中最先以青詞結交於明世宗的人，真正憑青詞受寵並最先入閣的首推夏言。

夏言是正德十二年（西元1517年）丁丑科進士，明世宗登基時他正擔任兵科給事中。夏言沒有過多參與如火如荼的「大禮議」之爭，而是專心進言本職工作方面的政務，並且表現優異，辦理了裁汰包括錦衣衛在內的三千二百員侍衛親軍冗員等大事。明世宗全面清理皇莊時，夏言參加工作組，表現也很出色，除皇莊外還順帶清理出很多勳貴強占的民田，全部奪回歸還給人民。在這個過程中夏言得罪了不少勳貴，但他毫無畏懼，堅持原則，引起了上層的注意，晉升為兵科都給事中。夏言還指出現在人事檔案工作懈怠，孝宗朝有每個季度向御前報告文武百官履歷的制度，現在廢弛了，建議恢復。明世宗接受建議，並調夏言任吏科都給事中。

夏言在「大禮議」最高潮時避開了這個熱點話題，並不表示他真的不感興趣，這只是他的一種職場策略而已。當時正反兩派有楊廷和、張璁這樣的大廠，年輕一輩中又有楊慎這座不太可能超越的高峰，夏言衝進去多半也只能當炮灰，所以他選擇了避實就虛，讓你們先惡鬥。他另找了很多當時為人所忽視的方面建言，反而引起了高層的重視。嶄露頭角後，夏言也開始插手禮制方面的問題，這畢竟才是世宗朝的核心問題。碰巧張璁、霍韜等人在建祭壇方面與明世宗發生了一點小分歧，夏言趁機進言，支持明世宗最初的動議。張璁、霍韜等大怒，心想我們因「大禮議」受寵，你一個小小的七品諫官有資格插嘴？未料這次明世宗站在夏言這邊，痛斥

兩位舊寵，甚至將霍韜下獄。夏言從此成為新寵，被委以建設祭壇方面的重任。

張璁自認為是「大禮議」的勝者，非常傲慢，入閣後對百官頤指氣使，無人敢與其相抗。沒想到突然冒出來個夏言，讓他非常惱火。他更沒想到的是夏言攻擊力非常強，而且似乎比他更得明世宗心意，之前只是深藏不露罷了。夏言連續彈劾張璁、方獻夫，句句切中要害，二人無以為辯，只好請辭。夏言一戰成名，後來又經常攻擊張璁、方獻夫、霍韜等。這其中的奧祕就在於夏言不但占據道義，青詞水準也比張璁還要高一個等級，他寫的奏疏也是充滿道教文化色彩，讓明世宗看了愛不釋卷，所以在辯論中占盡上風。明世宗愈發寵愛夏言，超擢其為侍讀學士，嘉靖十年（西元 1531 年）擢太子少詹事兼翰林掌院學士（翰林院多位翰林學士中實際執掌院事的一位）。

當然夏言也不是完全沒有漏洞，就在此時他被牽涉進一樁大案。行人司正（負責頒詔的部門行人司的長官，正七品）薛侃上疏討論立儲問題，建議明世宗現在還沒有兒子，可以選擇近支宗藩當成太子培養，他日生了皇子再說。這其實可能是對明世宗以宗藩入繼的一種理論補充，但當時明世宗正急於向太上老君祈禱賜個皇子，說不定已經得了三清敕命，馬上就有星君降下，薛侃卻來觸個霉頭，大怒，將薛侃革職。張璁趁機構陷說是夏言指使的，甚至一度將夏言移送司

法。未料皇帝對夏言寵信之深，已經相信夏言而不相信老兄弟張璁了，處理結果居然是釋放夏言，罷免張璁！看來真是人紅了做什麼都是對的，失寵了做什麼都碰釘子。出獄後夏言立即晉升為吏部左侍郎，仍兼掌院學士。

一個月後，禮部尚書李時入閣，夏言遞補為禮部尚書。夏言以青詞得寵後，一年之內就從諫官（吏科都給事中）躋身六卿（禮部尚書），創造了明朝歷史上最快的升官紀錄。明世宗嘉靖十五年（西元1536年），夏言以少傅兼太子太傅、武英殿大學士入閣。嘉靖十七年（西元1538年），顧鼎臣才以太子太保、吏部尚書、文淵閣大學士成為「青詞宰相」，比夏言要晚兩年。同年底，首輔李時去世，夏言成為首輔。嘉靖十八年（西元1539年）一月，夏言加少師、特進光祿大夫、上柱國。這裡的上柱國是唐宋官制中的最高級勳官，明朝官制中最高級勳官是正一品的左柱國、右柱國，並無上柱國一說，這是夏言自封的一個官號。

不過這就算是夏言的巔峰了，之後他便開始緩緩滑向深淵。儘管張璁已死，但其黨羽還在，其中最厲害的莫過於武定侯郭勛。夏言入閣時推薦南京吏部尚書嚴嵩接替禮部尚書，本意是籠絡此人。但嚴嵩卻覺得夏言居然把自己當門客，很不高興。然而嚴嵩又是一個非常陰險狡詐的人，他表面上對夏言奴顏婢膝，實則心中暗恨。當然，最重要的是夏言位極人臣後自身有所放鬆，對明世宗的侍奉力度明顯減

輕。顧鼎臣也表現出夏言一樣的毛病,這種「青詞宰相」雖然不是楊慎那種硬骨頭,但好歹也是讀書人,終歸不是太監那種從小訓練的忠奴,達成入閣的成就後往往都會放鬆對皇帝的諂媚。夏言和顧鼎臣就經常口無遮攔,觸怒皇帝,甚至經常皇帝急召時半天不來,讓明世宗非常不滿。郭勛、嚴嵩等趁機在背後進讒,明世宗漸漸開始不喜夏言,數年間三次勒令夏言退休,但畢竟曾經真愛過,又三次起復,像盪鞦韆一樣把他盪來盪去。

在被貶黜的日子裡,夏言非常難過。他習慣了大富大貴的奢侈生活,一旦不在高位,非常不適應。在位時夏言特別愛送禮,出手相當闊綽,所以人緣不錯。一旦失位,沒那麼多錢到處送了,州縣的官吏都開始輕慢他。這也可以看出夏言是一位中輕度貪官,因為他在位時大手大腳,說明絕不清廉,不過一旦失位便窮酸畢現,說明也沒有撈太多。

在夏言三起三落的歲月中,其實一直是在和嚴嵩做著激烈鬥爭。夏言雖然在早期機智地鬥敗了張璁,但比起明代頭號大奸臣嚴嵩就顯得很稚嫩了,實際上一直處於下風。夏言還因工作關係得罪過駙馬都尉崔元、錦衣都督陸炳等明世宗的親戚近臣,嚴嵩拉攏他們一起來整夏言,夏言卻完全沒有意識到。明世宗常派小太監與重臣溝通,夏言認為身分懸殊,把他們視作奴婢(其實他們確實是奴婢)。嚴嵩則每次必請他們上座,並親自送錢到他們袖中。這些小太監回去就會

常說夏言的短處，讚美嚴嵩。明世宗嚴禁宦官干政，但實際上宦官們還是能在皇帝面前造成家長裡短的作用，夏言完全沒有意識到，嚴嵩卻充分利用了。更重要的是，嚴嵩的青詞水準比夏言還要更勝一籌，漸漸地寵幸形勢發生了變化，嚴嵩開始尋找致命一擊的機會。由於之前夏言起復了多次，所以要攻他就必須一擊致命，不然改天他又起復了。嚴嵩暗蓄騰騰殺氣，夏言恐怕還沒有察覺到。

嘉靖二十五年（西元 1546 年），著名軍事學家曾銑出任兵部侍郎、總督陝西三邊軍事，以數千兵力拒蒙古土默特部俺答汗十萬鐵騎，朝廷大加褒賞。曾銑趁機發表了著名的《復套議》，建議朝廷投巨資收復河套，實質上是完成當年汪直、王越的爛尾工程。朝廷經過慎重研究，在夏言的力主下同意，從而開啟了波瀾壯闊的第二次復套策略。然而嚴嵩卻從中嗅到了殺機，當年以汪直、王越之寵，復套尚且未成，如今夏言這是主動將機會奉上啊！

但事實上，曾銑的軍事水準恐怕在王越之上，如今的土默特部也不如當年的瓦剌強大。曾銑發明了大量近現代武器並投入實戰，其中包括戰車、榴彈砲、地雷等大量劃時代發明，初入戰場打得蒙軍驚為天神，取得了傲人戰績，但花錢也似如流水，這需要朝廷的鼎力支持。嚴嵩卻在一旁大進讒言，說復套之舉靡費軍餉卻收效甚微，實際上是曾銑和朝臣勾結起來欺騙朝廷立功騙餉。明世宗暗中調查，嚴嵩自然也

在軍中培植了不少親信，以軍人的身分予以印證，明世宗開始動搖了。

尤其是甘肅總兵仇鸞，曾因阻撓復套被曾銑彈劾免官，賣力地誣陷曾銑以重金賄賂夏言，讓夏言在朝中運作，投巨資支持他的復套策略。而且經調查，曾銑其實本人很清廉，他給夏言的賄賂來自於剋扣軍餉，甚至曾銑還有很多軍費是來自於走私策略物資。這就更嚴重了，明世宗詔令將夏言、曾銑均下獄，第二次復套策略又成爛尾。然而仇鸞誣陷的罪行卻缺乏足夠的證據定刑，嚴嵩又反覆勸說皇帝復套行為確實是靡費軍餉，荼毒生民，仇鸞也繼續指出曾銑隱匿了一些敗仗。勝敗乃兵家常事，曾銑又怎麼可能百戰百勝，一些小敗不報或夾雜在大的勝仗中報也是兵家常事，但只要設計好措辭，嚴嵩、仇鸞、陸炳等人圍著明世宗講，就把他講怒了，越來越恨曾銑，決心要殺！

很多諫官、監察官甚至司法官都為曾銑求情，明世宗一概不聽。最後法司判決曾銑作為邊帥隱匿敗績的罪名成立，但罪不至死。明世宗堅持說曾銑勾結了他身邊的近侍，而且證據確鑿。《明史》所言「近侍」可能有誤，這裡應該是指夏言而不是某個太監。宰相和邊將勾結的罪名就非常大了，這下曾銑和夏言都得判死刑。夏言本來沒有法律責任，只是作為首相支持了錯誤的策略，負領導責任被勒令降級退休。夏言退休後離京回家，剛走到通州聽到曾銑突然多了這條罪

名，渾身一軟，歪到在車裡：「噫！我死了！」刑部尚書喻茂堅、左都御史屠僑援引法律條款，說夏言作為近臣這種情況可以減免死刑。但任何人都沒想到，明世宗突然又丟擲一條他多年來懷恨在心卻一直沒說出來的罪名──有一次明世宗賜夏言戴他親自製作的沉香水葉冠（一種道士戴的草冠），夏言居然以朝服在身為由拒絕了！那他就不是親近大臣，喻茂堅、屠僑所引條款不適用，死刑成立！

　　嘉靖二十七年（西元1548年）十月，夏言被斬首棄市，成為明朝第一位被殺的內閣大學士。由於他的這種悲慘結局廣為人所同情，更因他一度鬥倒了大壞蛋張璁，所以在歷史上的名聲非常正面。不過，夏言當年鬥倒倖進的奸臣張璁，靠的是比他更倖進的方法，這本身就是一種黑色幽默。更黑色的是，被視為「奸佞」的張璁是個大清官，而被視為「忠良」的夏言，其實反倒似乎有一定的貪腐行跡。

　　夏言起於青詞，最後也因青詞技不如人，被嚴嵩扳倒甚至丟命。事實上，後來嚴嵩失寵也是因為年老眼花，寫不好青詞。世界第一帝國三任首相的生死榮辱竟然都在青詞之間，不可不謂悲涼。當然，在青詞這個問題上，夏言也確實產生了許多不良影響，他率先因青詞得寵，導致了一波青詞倖進的潮流。夏言力主修建的西苑（在紫禁城北海西岸），後來成為明世宗的一個青詞基地，大量「詞臣」侍奉明世宗長期不上朝而在此修仙，其實和明武宗的豹房沒有本質區別。

明朝宰相（內閣大學士）正式的說法是「入直文淵閣」，意即在文淵閣當值即為真宰相，明世宗則別出心裁地發明了一個「入直西苑」，企圖將西苑打造成內部朝廷，這顯然不符合大明甚至唐宋以來中華帝國的政治傳統。西苑成為夏言開啟「詞臣」行情的一個註腳，這幫「詞臣」出自文官，卻與主流文官形成了明顯的內部撕裂，為孳生腐敗和亂政開闢了一個新的絕佳病灶。

6.3 仙風道骨的腐敗畫圖

明世宗的「詞臣」行情，嚴重地撕裂了文官進士這個大明官場的基礎，滴血的傷口為病毒提供了巨大的病灶。在這個巨大的病灶中，病毒穩穩發育，不但有張璁、嚴嵩等一大批貪官奸臣藉此青雲直上，這幫奸臣更會幫助皇帝實現一些以前實現不了的事情，尤其是授予一些不具備授官資格的人作高官。由於這幫人為了仕途不惜和整個儒士階層作對，已經徹底放下了聖賢教誨，入官前對公平正義的追求也已經拋到了九霄雲外，皇帝讓他們做什麼違背原則的事情他們都會照辦。

比如明朝本來有一套很嚴格的選官方式，就是為了避免一些佞幸之輩鑽營倖進，前朝雖有不少奸臣猾吏受寵，但也

只能在宦官、錦衣官、傳奉官之類的範圍內廝混,無法染指正規的文官系統,這正是因為這些人只有皇帝私寵,無法通過授官的正當方式,如果皇帝特旨授予他們清流朝官,這道詔旨需要通過內閣、通政司、吏部、兵部、都察院、給事中這一層又一層的稽核,只要有一道關口封還詔旨就通不過,所以之前沒有任何人敢做此想。但現在「大禮議」、「青詞宰相」等一系列新情況造成文官隊伍的大撕裂,一大幫文官站在了明世宗這一邊,甚至到了可以包辦這一長串通道的程度,很多沒有經過正當選拔方式的人透過各種奇怪的方式獲得了明世宗的私寵,便獲得了許多士子寒窗苦讀多年,卻無法企及的高官厚祿。明世宗崇通道教,其中便有很多道士不但從他那裡獲得大量金錢上的資助,更平步青雲,獲得了以前想都不敢想的官位。

明世宗寵幸的道士很多,《明史・佞幸列傳》有傳的就有邵元節、陶仲文、段朝用、龔可佩、藍道行、胡大順、藍田玉、王金一長串。這些道長多以道法丹術著稱,被明世宗身邊的人引薦受寵。這其中也不乏一些半路出家的假道士,知道明世宗深好此道,便假裝成道士,裝神弄鬼,矇騙皇帝,從而邀寵,開啟了一扇新的佞幸鑽營之門。《明史・佞幸列傳》還列舉了顧可學、盛端明、朱隆禧三位進士出身的文官,這三人明明是正經八百的進士,但也投其所好,向明世宗進獻靈芝仙丹,邀寵升官,最終被定性為佞臣,明世宗駕

崩後很快也被褫奪官職。

明世宗寵幸的眾多道士中首推邵元節。其實邵元節雖然算得上一代名道，但也沒有什麼特別過人之處，最主要還是勤於侍奉明世宗，得其私寵而已。明世宗對邵元節大加寵幸實為千金買馬骨之意，向天下表明自己對仙道的尊崇。

早在嘉靖三年（西元 1524 年），邵元節便在宦官崔文的推薦下成為世宗朝首位引進入宮的道士，在顯靈宮主持祭祀，不久統轄朝天、顯靈、靈濟三宮，封為清微妙濟守靜修真凝玄衍范志默秉誠致一真人。明世宗做這些動作雖然有一些言官進諫勸止，但力度不大，畢竟這似乎沒有影響到什麼實質性的朝政，只是略顯怪誕而已。接下來，明世宗便開始繼續突破官員們的底線。

首先是讓邵元節在朝儀中站在正二品的班秩，然後追贈其父為太常丞、其母為文泰真人，賜邵元節紫衣玉帶。由於這仍然是些虛把式，所以也沒有引起文官們的強烈反觸，僅有給事中高金上疏論此行為不當，但勢單力孤，最終沒能阻止。接下來，文官們才知道明世宗何其聰明，雖然邵元節及其已故的父母只得一些虛名，但根據明朝官制，有這些虛名的高官可以享受一些恩蔭，即子孫直接獲得相應官職。於是邵元節的孫子邵啟南應為太常丞，曾孫邵時雍為太常博士。文官們傻眼了，這不是實質上的傳奉官嗎？但這一次明世宗確實沒有任何違規，完全是根據制度授官，不這樣做反而才

違規了。明世宗繞了一個大圈，把大家都繞進去了，大家才明白過來這個小皇帝厲害得緊。

之後邵元節又建奇功。明世宗遲遲不生皇子，邵元節建了一套法壇，明世宗以夏言為監禮使，率文武大臣每日上香祈禱。開始沒什麼效果，三年後卻連生了好幾個皇子。明世宗大喜過望，稱邵元節功高蓋世，拜其為禮部尚書，賜一品服。這個禮部尚書當然不是實掌禮部事的實職，只是個虛銜，但畢竟是最顯赫的清流高官，這樣的禮遇憲宗朝的法王真人們可都沒有得到過。邵元節死後，明世宗親自哭喪，贈少師，用伯爵禮下葬，加諡號，其孫邵啟南官至太常少卿。這些本是嚴重違背禮制的做法，但明世宗透過各種小手段達成了目的，只為彰顯其對邵元節的寵幸。在這個示範效應下，群道紛紛投效，這時高手才頻頻現身，這其中最厲害的莫過於陶仲文。

陶仲文可不是邵元節那樣的真名士，他其實和憲宗朝著名佞幸李孜省一樣，本來是個小吏，聽聞當今天子崇道，便惡補道法，偽裝成道士鑽營邀寵。在佞幸的體系中，往往鑽得最深的不是某些人想要的真人，恰恰就是這種專門鑽營的機靈鬼。陶仲文刻意結交邵元節，住在他的府邸，有一次宮中出現靈異事件，邵元節無法處理，於是推薦了陶仲文。陶仲文施展法術，果然鎮壓了宮中的妖仙。莊敬太子（朱載壡）生了痘，陶仲文祈禱一番便好了，明世宗更加寵幸。

不久，邵元節去世，陶仲文正式成為明世宗身邊的首道。有一次明世宗駕幸衛輝（今屬河南新鄉），有旋風環繞御駕，明世宗問這是什麼徵兆？陶仲文說：「主火。」當晚行宮果然發生火災，死了不少人，險些把明世宗也燒死。事後明世宗大為讚嘆陶仲文是真神仙，更加信任，封為神霄保國弘烈宣教振法通真忠孝秉一真人，其子陶世同為太常丞，陶世同的女婿吳浚、姪孫陶良輔為太常博士。之後明世宗又以各種理由為陶仲文升官，特授少保、禮部尚書，不久又加少傅，仍兼少保。後來又兼少師，成為明朝唯一一位同時身兼少師、少傅、少保三孤榮銜的人，兼領三份從一品俸祿。

不久又授特進光祿大夫兼大學士俸，又兼領了一份正一品和一份正五品俸祿。後來甚至封恭誠伯，又添兩千石歲祿，薪資卡都被擠爆了。陶仲文其實還有個趣聞，他的法術當然都是裝神弄鬼，但祖傳中醫養身製藥工藝似乎不假，其祖傳一道祕方「固本精元湯」於提升男性生殖能力極為有效，據傳正是明世宗久不得子，後突然連生三子的祕訣所在。此說其實並不可靠，但這種事兒大家就是寧可信其有，陶家的營養品事業從此生意興隆，即便後來在政治上受挫，「陶逸堂」卻成了源遠流長的中華老字號。

其實邵元節、陶仲文都還算老實，受寵後沒有明顯的貪腐行為，也沒有刻意干涉政治，但他們帶來的示範效應吸引來鑽營倖進之輩如過江之鯽，這些人就沒那麼老實了。首

先，他們要倖進不是靠公開的選拔方式，而是靠內宮近侍的引薦，這就不是靠人品才華，而是靠鑽營賄賂。而他們花了大錢擠進西苑，難道不會想辦法撈回來？他們最常規的方法就是利用接近皇帝的機會，為外朝官員通消息，從中漁利。這種事情很機密，史書無法詳細記載，但《明史》提到有一位道士藍道行，以扶鸞術（一種道士與上天溝通請旨的法事）得幸。

有一日藍道行請乩扶鸞，聲稱上仙宣示首輔嚴嵩是奸臣，明世宗大驚，忙問：「上仙為何不殄滅嚴嵩？」藍道行又是一陣裝神弄鬼，代表上仙回答：「留待皇帝自殄。」明世宗一度頗為心動，真的想動嚴嵩。但嚴嵩也很快得到消息，大筆賄賂明世宗身邊的寵幸道士，交相揭發藍道行的不法事蹟，比如在法事中作假、假傳上仙意旨等等。明世宗將其逮入詔獄，不久死在獄中，「自殄」嚴嵩之事也就作罷。這至少說明兩個情況：第一，藍道行在參與政治，而且是想扳倒首相這麼高層面的政事；第二，除了藍道行，明世宗身邊還有大批道士，可以接受官員的賄賂為其辦事，本質上跟之前那些太監的作為差不多，想必也勾結起來榨取了不少民脂民膏。所以世宗朝號稱沒有宦官貪腐之禍，其實是一群道士取代了原來宦官的作用而已。

在這些道士中，最有意思的一個還得數段朝用。此人最初以一套加持了法術的銀器獻給明世宗，號稱以此為餐具，

百毒不侵，明世宗非常高興。而且段朝用不但對賺錢毫無興趣，還不斷向明世宗捐錢。明世宗熱愛道教，但與朝臣關係太差，想從國庫支取一些錢出來辦法事並且養這些大仙其實是很困難的。段朝用不但不用養，還一來就捐了一萬兩作為修建雷壇的款項，令明世宗非常感動，授其為紫府宣忠高士。段朝用又申請每年捐幾萬兩以資國用，明世宗感動得無以復加。

不幸的是，這位土豪道長似乎業務能力有所欠缺，法術被人揭穿，這不是錢能彌補的問題，明世宗將其逮入詔獄調查。這一查就不得了，他的錢原來都是武定侯郭勛給的！郭勛哪來這麼多錢？砸這麼多錢到底想做什麼？郭勛本來因為在「大禮議」中充當「保皇派」而受寵，正是因段朝用之事受到明世宗猜疑，後來遭御史言官彈劾，重大貪腐行徑敗露，和段朝用一道死在獄中。他們瘋狂砸錢的舉動究竟意欲何為，後人已無從考據，但想必不外乎藉此迷惑皇帝，大行貪腐，撈回更多的錢而已。

所以，世宗朝的道士行情總體來說還是很腐敗的，並不為邵元節、陶仲文這兩位大佬本人的相對清廉所掩蓋。邵、陶二人更多的是造成一個從根子上破壞禮法、人事的作用，引得大批佞幸之徒鑽營倖進，形成一個腐敗的體系。尤其是明世宗因「大禮議」之爭與朝臣勢同水火，多年不願上朝，在西苑開闢了私人朝廷，大批「詞臣」在此供奉青詞，「詞臣」

既有文官中的倖進之輩，更有一大批或真或假的職業道士。明世宗連續兩位皇子夭折，非常痛心，陶仲文創立了一套「二龍不相見」的歪理邪說，聲稱明世宗克兒子，見誰誰死。明世宗據此讓皇子監國，自己躲到西苑再不出現，更加劇了這種裂痕。

其次陶仲文還差點間接害死明世宗，他進獻了很多透過凌辱、虐待女性來增進男性生殖功能的方法，其實就是一些性感官刺激，明世宗常在後宮演練，很多後妃、宮女苦不堪言。嘉靖二十一年（西元 1452 年）一天夜裡，明世宗臨幸翊坤宮，將端妃曹氏（可能還包括其他一些宮女）狠狠折騰了一番，至深夜留宿翊坤宮。翊坤宮的宮女本來就被折騰得不輕，還被他要求次日凌晨就要早起採集朝露，供他養生服用。很多宮女已經被折磨得累病交加，甚至死去。翊坤宮這十幾位宮女覺得馬上就要被明世宗折磨致死，而且她們本來就深恨明世宗為求養生而折磨端妃（可能也包括她們）的行徑，這一次毅然決定發起歷史上絕無僅有的一次宮女造反！

深夜，十幾位宮女潛入明世宗寢帳，用黃綾勒住他的脖子，可惜經驗不足又很緊張，打成了死結，半天勒不死。宮女們又拔下釵簪一陣亂插，把明世宗插得滿身是血，但畢竟插不死，折騰許久終於皇后方氏聞訊趕來，救下了垂死的明世宗，史稱「壬寅宮變」。明世宗雖大難不死，但此事傳出震驚天下。古往今來有各種逼得藩王、外戚、文官、武將、百

姓造反的，但逼得自家宮女造反的你是頭一個！

　　所以，陶仲文這些人既然圍繞在皇帝身邊，就算再清廉謹慎，也是會對朝政造成影響的。至於這些道士本身，也多是取一時之幸，最終大多慘死，就連邵元節、陶仲文的後代也都被削籍為民甚至治罪，他們也不過是皇帝手中的玩物而已。明世宗不是傻瓜，怎麼會真的相信這些裝神弄鬼的把戲？他寵幸道士，其實是故意和文官們賭氣。文官們最為珍視文名，將官職、功名、文才視為一體，只服文才高尚、考取功名的人當大官，於是明世宗就故意弄些道士來當官，氣死這些文人，抒自己胸中的一口惡氣。時至晚年，明世宗也曾表示懺悔，將很多道士盡數貶斥，也算是與文官們稍作和解。不過世宗一朝整整45年，因「大禮議」造成的君臣裂痕又豈是一句道歉能夠彌補？

　　當然，要說到世宗朝濫封的高官，還不能漏了陸炳。陸炳代表的是另一股勢力——勛貴。其實，真要說陸炳代表勛貴，他可能自己有點不好意思，他只是一個出身於勛貴圈子的底層幸運兒罷了。陸炳的祖上確是追隨太祖打江山的紅巾軍老兵，但等級應該很低，史書無詳載，其祖父陸墀僅僅獲得一個錦衣衛總旗（正七品武職，率60名士兵）的職位。錦衣衛是明朝專門設來安置勛貴子女的地方，漢唐以來中華帝國便已不允許給功臣封土建國，唐宋以來，更以越來越嚴格的選官制度限制勛貴子女入官，宋明以來貴族門閥全面瓦

解，進入公民社會，文官階層以嚴格的科舉制度阻止了勛貴子女獲得清流主官，但朝廷仍有恩蔭制度，讓無法考取功名的勛貴子女能夠享受一定待遇，主要便是放在錦衣衛。

所以錦衣衛作為一個衛所，理論上只有 5,600 人的編制，但實際上在世宗朝最壯大時，一度達到六萬人左右的規模。而且這些人盡皆是勛貴後裔，你在錦衣衛門口扔一匹磚，可以砸到七十個徐達的曾孫、八十個常遇春的玄孫，還有一百二十個胡大海的雲孫回頭看。儘管來此的自然不是世襲了他們爵位的嫡系後代，都是一些旁支，但陸炳在這裡就算是祖蔭最弱的草根階層了。巧的是陸炳的媽媽是明世宗的奶媽，他也作為玩伴與明世宗一起長大，實則是因此而受寵。陸炳本人身材高大，面如重棗，美髯過腹，虎步鶴行，疑似《三國演義》中關公的原型，考取了武舉人，特授錦衣副千戶（從五品）。其父陸松去世後，陸炳又承襲了錦衣衛指揮僉事（正四品）。

嘉靖十八年（西元 1539 年），明世宗駕幸衛輝，不聽陶大仙預言，半夜行宮大火，陷身火海之中，大家都找不到他。陸炳撞開門，揹著明世宗逃出火海，從此明世宗更加熱愛這位玩伴，很快超擢為錦衣衛指揮同知（從三品）。有些陰謀論者認為這是陸炳、陶仲文以及一些太監故意操作的把戲，來捧紅陸炳。無論如何，陸炳已經成了明世宗跟前第一紅人。陸炳又屢遷都督僉事、都督同知、都督。錦衣衛的編

制只是一個衛所,長官應該是衛指揮使,正三品,但由於地位特殊,皇帝偶爾會將其長官高配為都指揮使(正二品),而陸炳則高配為了都督(正一品)。碰巧世宗朝太監勢力衰微,錦衣衛受東廠的牽制也非常小,陸炳執掌錦衣衛的二十餘年,堪稱是錦衣衛史上地位最高的一個時期。美國聯邦調查局(FBI)史上最強勢的傳奇老闆胡佛局長(Edgar Hoover)就被稱作「西方的陸炳」,可見陸炳前輩在特務行業的歷史地位。

陸炳本人的恩遇也創造了一個紀錄——他是明朝,也是整個中國歷史上唯一一位以三公兼三孤的人。所謂「三公」是指中華帝國的最高榮譽加銜:太師、太傅、太保,「三孤」指少師、少傅、少保。唐宋三公、三孤均為正一品,明朝將三孤定為從一品,三公成為僅存的三個正一品加銜。按隋唐以來朝儀,三公都是絕對的最高頭銜,上朝時站第一排,宰相、親王站第二排。明代內閣大學士常以三孤作為加銜,一般來說少師就算官至極品。陶仲文榮寵非凡,身兼三孤,但依然無法突破至三公。《明史》稱明朝僅有四位文官得授三公,分別是李善長、徐達、常遇春和張居正。但很顯然,李善長、徐達、常遇春都是開國元勛,並非文官。明世宗即位之初曾下詔授楊廷和為太傅,但這道詔書又被楊廷和內閣封還,所以時至陸炳的年代,還沒有一位真正意義上的文官得授三公。嘉靖三十五年(西元1556年),陸炳加太保兼少

傅，成為明朝也是整個中國歷史上唯一一位以三公兼三孤的特例。

陸炳的太保兼少傅和陶仲文的身兼三孤一樣，都是既不合官制又不合常理。按理說三公、三孤都是一個序列的官職，如果一個人是少傅，晉升為太保後就不再是少傅了，就像你現在是一年級，升學到二年級就不再是一年級學生了。明世宗別出心裁地搞了個一人兼三孤，繼而又搞出三公兼三孤，相當於一個人同時是一、二、三年級學生，甚至同時是中學一年級和小學五年級學生，這簡直是在侮辱所有正常人類的智商。然而這就和「大禮議」一樣，他就是故意這樣做，不斷觸碰文官的底線，試探自己做這些明顯不合規甚至不合邏輯的事能不能做成。人事工作不是科技工作，不能隨意自由地刻意創新，因為所謂創新往往意味著逾制，逾制就暗藏著腐敗尋租的空間。明世宗不斷拓展這種空間，看似每一次動作都不大，但連續不斷，為明朝慢慢走向全面腐敗奠定了基礎。

至於陸炳個人，他清醒地意識到自己作為世宗朝頭號寵臣，一定要充分利用這個身分多做些事。陸炳非常重視所謂人際關係，大肆結交有利用價值的高官，宰相夏言、嚴嵩，咸寧侯仇鸞，京山侯、駙馬都尉崔元等都在他的結交網路之中。所謂結交的方式無非就是互相賄賂，互相包庇。明世宗屢興大獄，戕害了不少大臣，陸炳能救的便救一救，結了不

6.3 仙風道骨的腐敗畫圖

少善緣。《明史》稱陸炳「未嘗構陷一人，以故朝士多稱之者。」後世也有不少人稱讚他是個好人。但這些說法是相當不客觀的，陸炳這種人怎麼可能不構陷人？他救人是有目的的，是為了籠絡關係，而不是維持正義。在這個過程中他當然也確實救過一些人，但只要他救的人不與他沆瀣一氣，他立即翻臉，這其中尤為典型的就是他與夏言、仇鸞的相愛相殺。

本來陸炳和夏言相交甚歡，陸炳曾在詔獄中拷打死了一個兵馬指揮使（正三品武將，京師的五個衛戍隊長之一，堪稱要職），遭到御史糾劾，夏言在內閣幫陸炳把這些糾劾都擋了下來。但夏言這種人畢竟是有底線的，不會一味縱容貪贓不法。

有一次，御史彈劾陸炳大量不法行徑，事實非常清楚，夏言不再包庇，擬詔逮捕陸炳調查。詔書需要呈送皇帝簽字蓋章才能生效。明世宗接到這道草詔也是大吃一驚，連忙私下告訴陸炳，讓他趕緊去求夏言饒恕。陸炳非常窘迫，向夏言進獻了三千兩鉅款，但夏言堅辭不收。陸炳又長跪不起，哭訴自己的罪狀，表示誠心悔改。夏言這種文人往往就是吃軟不吃硬，被錦衣衛頭子的表演感化了，收回了草詔。從此陸炳深恨夏言，與嚴嵩、仇鸞勾結，透過構陷曾銑一案，將夏言冤殺。按說這樣一來陸炳和嚴嵩、仇鸞就成了一夥，但陸炳留了個心眼，利用自己的錦衣衛資源，重金結交仇鸞身

045

邊的人，探得他不少陰私。

後來嚴嵩、仇鸞爭寵，陸炳決定站嚴嵩一隊，趁仇鸞病重時揭發了他諸多不法行徑，明世宗大驚，收回仇鸞的敕印，仇鸞憂病交加而死。人都死了陸炳還不罷手，指出錦衣衛掌握了仇鸞「通虜納賄」的罪證，朝廷詔陸炳率三法司（刑部、都察院、大理寺）會審，定仇鸞謀反大罪，開棺戮屍。可見陸炳是個異常凶險陰毒的人，根本不是某些人傳說的老好人。陸炳對仇鸞這樣曾經沆瀣一氣的大奸臣尚且如此，對待正直得罪過他的直臣更是可想而知。這樣的人撈起錢來當然也是貪殘暴虐，超乎人倫。陸炳撈錢遠遠突破了尋常貪官的底線，不僅僅是吃拿卡要，更不惜常興大獄，啃噬別人的血肉，其嗜血凶殘，更甚尋常貪官百倍。

嘉靖三十六年（西元1557年），陸炳彈劾司禮監宦官李彬盜竊工所的物料，模擬皇陵的規制營造墳墓，朝廷判處死刑抄家。陸炳率錦衣衛抄家，抄得白銀四十餘萬兩，金珠珍寶無數。這個「無數」大多都落入了陸炳的腰包。對待司禮監（理論上還是錦衣衛的上峰）的公公尚且如此，陸炳又如何對待民脂民膏？史載陸炳專門網羅大奸大惡的酷吏為爪牙，利用錦衣衛的資源詳探富戶的財產狀況，然後以小過失收捕，抄家抄得乾乾淨淨。憑這招陸炳就撈了幾百萬兩，修了十幾所別墅，莊園遍布四方。應該說，之前廠衛主要監察官員，很少涉及民間，汪直設立西廠刺探到了民間就引起極大反

觸，可見人們很反感廠衛的刺探範圍無限擴張。現在陸炳這種做法，已經不是在民間刺探情報的問題，而是濫用國家暴力機器在民間掠財了！錦衣衛的形象崩坍也正是發生在東方胡佛這個所謂的傳奇時代。

嘉靖三十九年（西元 1560 年），50 歲的陸炳去世，贈忠誠伯，兒子陸繹授錦衣衛指揮僉事。明穆宗（朱載垕，年號隆慶）登基不久，很多御史追論陸炳的劣跡，朝廷經調查後確定了陸炳的罪行，抄沒其家，奪除其子陸繹及其弟太常少卿陸煒的官職。經審理，陸炳坐贓數十萬，要求陸繹等償還。陸繹還了好幾年都沒還清，直到明神宗萬曆三年（西元 1575 年），陸家實在沒錢還了，上章請求免除。首相張居正重啟對陸炳的調查，結論是陸炳當年救駕有功，而且不是謀逆大罪，不應該抄沒全家。更重要的是按當時法律，抄沒和追贓是不應該並存的，因為抄沒即表示在法律意義上已經奪盡了罪犯的資產，結清了犯罪所得，不應再追贓，這其實是一個誤判，所以總算停止了對陸家的追贓。陸炳一生玩弄權柄，經常利用錦衣衛資源行諸不法，以冤獄貪掠他人財產，最終死後卻得一個嚴重誤判，讓家人額外受了許多年的苦，也算是報應不爽。

世宗一朝宦官貪腐得到抑制，但詞臣、道士、錦衣衛的貪腐行徑卻更加滋長，而且花樣百出，很多時候是明世宗別出心裁，故意搞出來的妖異行為。這些花樣本意是和文官們

鬥氣，但無一不會被那些貪婪的人們抓住機會，演變為現實的貪腐行徑，渲染出一幅仙風道骨的腐敗畫圖。

6.4 嚴嵩父子的貪腐高潮

　　說到貪官奸臣，每個朝代都有自己拿得出手的代表人物，漢有梁冀，唐有楊國忠，宋有秦檜，清有和珅，那明朝有誰能與他們比肩？顯然就是嚴嵩了。

　　嚴嵩，字唯中，江西分宜人，明孝宗弘治十八年（西元1505年）乙丑科進士，改庶吉士，散館後授翰林編修。嚴嵩登仕之初，正值劉瑾擅權，不過他本人卻因為得了一場大病而回家休養。請病假期間，嚴嵩在家鄉的鈐山讀書，十年間發表了大量著作，頗受好評，這些作品後來大多收入了他的《鈐山堂集》。劉瑾覆滅後，嚴嵩才結束病假，回朝任職。他既躲過了劉瑾擅權的黑暗衝擊，又不忘透過大量著述累積了清譽，非常精明。

　　復職後嚴嵩先後在袁州府（今江西宜春）、兩京翰林院供職，和夏言一樣，嚴嵩也沒有積極參與「大禮議」廝殺，而是潛心著書，一邊累積文名一邊等待機會。夏言和嚴嵩還是江西老鄉，這樣自然就更容易引為知己。夏言平步青雲，也一直不忘提攜嚴嵩。明世宗嘉靖七年（西元1528年），嚴嵩任

禮部右侍郎，不久遷吏部左侍郎，又遷南京禮部尚書、南京吏部尚書。嘉靖十五年（西元 1536 年），朝廷動議重修《宋史》，內閣建議由嚴嵩加禮部尚書兼翰林學士，主管此事。不久，實任禮部尚書的夏言入閣，力薦嚴嵩接任，嚴嵩正式接管禮部事。明世宗對別的政事興趣不大，就喜歡折騰禮制，而且他跟大臣們不親近，連閣臣都難見面，唯獨禮部官員經常傳召左右。嚴嵩也非常勤勉，當時他在北京還沒有來得及營造府邸，暫住在城西四里，有時皇帝一天要召見他兩三次，他來不及備車，就單騎馳入大內，深夜方歸。這樣嚴嵩就成了明世宗的外朝第一寵臣，不過他也被明世宗教訓了一次。

嘉靖十七年（西元 1538 年），明世宗意圖將興獻帝（即明世宗生父興獻王朱祐杬）靈位奉入宗廟，稱明睿宗。此事算是「大禮議」的最後一波小高潮，大量朝臣反對。嚴嵩作為禮部尚書，當然也表示反對這樣明顯違禮的做法。明世宗很不高興，發表了一篇〈明堂或問〉，指責朝臣們背倫妄上。嚴嵩大驚，連忙改弦更張，站到明世宗一邊，盡心操辦，將明睿宗神主奉入宗廟。禮成後，明世宗賜予金幣，專門褒獎了嚴嵩。嚴嵩的價值觀開始發生嚴重的嬗變，按照他原本接受的教育，有些東西是需要他堅守的，尤其是皇帝要違背時，更需要他們這些文官挺身而出，捍衛正義，現在卻發現原來幫著皇帝做這些事才能名利雙收，從此下定決心走上佞幸之

路。明世宗又搞些道教的冊封儀式，替自己和一些道士加封帝君、高士、真人等尊號，嚴嵩一律照辦，還盡心策劃，發表一些文章呼應。明世宗非常高興，為嚴嵩加太子太保，在某些場合賜嚴嵩與宰相同列。

嚴嵩也變得越發驕縱，大肆收受賄賂斂財，甚至藩王到京師來領取俸祿，嚴嵩都要他們必須先賄賂自己才能領到錢。御史言官交相彈劾嚴嵩，將其稱為當朝頭號鉅貪。嚴嵩不慌不忙，把所有的問題都推給皇帝，說這些事情都是皇帝要做，不是自己收了賄賂才做的。皇帝躲在西苑修仙，成天見不著人，大家到哪兒去證實？於是嚴嵩的罪行都暢行無阻。

嚴嵩在禮部尚書位置上做得這麼好，下一步當然就是要考慮入閣的大業了。不過當時明世宗基本不與文官們見面，要那麼多閣臣也沒用，大多數時候只有兩三員閣臣（按編制應該有七員），而且都年富力強，看樣子短期內都不會退休，嚴嵩只能考慮讓其中一位落馬，自己才好頂上。他的選擇是一路引領了自己仕途的夏言。嚴嵩選擇做掉夏言也是有理由的，夏言雖以青詞得寵，但做人還是很有底線，有時候表現得很硬氣，搞得明世宗且喜且怒，一生被三次革職又三次起復，就是這樣起起覆覆的人才滿身都是機會。

首先，嚴嵩要在青詞這項業務上蓋過夏言。其實嚴嵩的青詞手藝是不如夏言的，但他偏偏生了一個兒子嚴世蕃，堪

稱當世第一高手。嚴世蕃沒有參加科舉，把別人讀正經書的時間都拿來苦練青詞，後來就當了他爹的槍手，助嚴嵩深得明世宗喜愛。

其次，嚴嵩要在侍奉皇帝方面蓋過夏言，這正是夏言的弱項。有一次明世宗親手做了五個沉水香葉冠，賜給五位近臣。夏言很硬氣地說自己是朝廷命官，不能戴這些不倫不類的東西，明世宗大怒。嚴嵩卻不但恭謹地收下，還做了一層輕紗，將其籠罩起來以示珍愛，每次到西苑覲見時都戴上，明世宗見了喜不自勝。當然，這件小事只是兩人侍奉明世宗的一個註腳，他們在日常瑣碎中常常都是如此表現，一點一滴地觸碰著明世宗心中的天秤。事實上這也是很多正直文官和貪官奸臣鬥爭時經常遇到的情況，貪官奸臣非常注重這些細節，以此邀寵，正直的清官卻往往疏於此節，最終攻守易勢。

嘉靖二十一年（西元1542年），夏言第一次被革職，嚴嵩則以少保兼太子太保、禮部尚書、武英殿大學士入直文淵閣，同時仍兼掌禮部事。明朝官制，內閣大學士一般都以尚書或都御史作為本官入閣，但實際在文淵閣當值，不掌管部事，但偶爾可以特別詔明「仍掌部事」，便可兼任。不過在中國傳統的行政管理思想中，不同層級的領導是不能兼任的，因為公共權力體系將行政事務劃分成高、中、低層，本意就是權力制衡，比如要進行一項禮制方面的工作，應該走：禮

部報送方案→內閣稽核→皇帝批紅→內閣下發→禮部執行這個行政權力鏈條，每個環節都有制約權衡。比如禮部擬定了一個方案，但內閣不同意，自然就不能這樣辦。

但反過來內閣有什麼想法，禮部不這樣上報方案，內閣也只能乾瞪眼。這就是中國傳統行政管理體系的基本思想。如果分管禮部的內閣大學士和禮部尚書是同一人，這個設計就被攻破了，這位大學士兼尚書可以自己擬定一個方案，報給自己批准，再發給自己執行。所以這種情況是極不符合政治傳統的，不用說，這當然又是明世宗搞的小動作，目的是方便嚴嵩幫助自己折騰禮制。之後，大學士兼某部尚書的情況也屢屢出現，優良的政治傳統正是遭到明世宗這類人的嚴重破壞。

這樣一來，嚴嵩的工作量也很大，但他毫不叫苦，62歲的嚴嵩「精爽溢發，不異少壯」，明世宗更加欣賞，加太子太傅。夏言雖被擠走，但還有一位閣員翟鑾排在嚴嵩前面，嚴嵩芒刺在背，抓住翟鑾的過失猛攻，將其逼走，自己成為首輔。連續擠走夏言、翟鑾後，還需要再找兩個人來幫襯一下，畢竟嚴嵩還是不好意思獨相。吏部尚書許贊、禮部尚書張壁遞補入閣。結果明世宗的真正朝廷在西苑，不在文淵閣，許贊、張壁來了才知道自己成為架空宰相。許贊哀嘆道：「為何要奪掉我吏部尚書這麼好的位置，讓我在這裡眼巴巴地看著別人做事？」嚴嵩聽到也有點於心不忍，於是請明

世宗讓成國公朱希忠（靖難功臣朱能後裔）、京山侯崔元（永康大長公主駙馬）、許贊、張璧一起入西苑當值，也分點事給他們做。結果明世宗不同意，但覺得嚴嵩不攬權，是個大忠臣，更加喜歡，擢少傅兼太子太師、吏部尚書、謹身殿大學士。

夏言雖被逐，但又多次起復，回來的夏言肯定要把嚴嵩當做敵人來看待了。嚴嵩貪贓無度，其子嚴世蕃更是罪惡滔天，夏言很容易找到足以置他們父子於死地的證據，準備發起彈劾。嚴嵩父子大懼，跑到夏言面前長跪痛哭。和面對陸炳的跪泣一樣，夏言又心軟了。結果兩位跪友就結成同盟，再加上被曾銑彈劾過的甘肅總兵仇鸞，三人團一擊致命，取了夏言、曾銑的性命。

由於夏言以鬥倒大奸臣張璁著稱，所以在歷史上被定性為良臣，那嚴嵩弄死了這麼大的良臣，他當然就是大大的奸臣。曾銑收復國土，又是史上偉大的軍事學家，嚴嵩為了政治鬥爭冤殺曾銑，跟秦檜殺岳飛的情節相比不遑多讓，這也成為他一個不可抹殺的大罪狀。就憑這些，已經基本能夠確保嚴嵩可以望秦檜之項背，不過還得再加上他拜相之後的極度貪腐行徑，才方便更愉快地跟和珅稱兄道弟。

嚴嵩在嘉靖二十一年（西元1542年）入閣，年已62歲，直至嘉靖四十一年（西元1562年）82歲罷免，前後20年，其中嘉靖二十七年（西元1548年）起為首相，共14年。嚴嵩畢

竟年事已高，精力不逮，他的貪腐體系主要是靠兒子嚴世蕃和趙文華、鄢懋卿這兩位哼哈二將支撐。

嚴嵩長得又高又瘦，眉目疏闊，聲如洪鐘，嚴世蕃卻長得又矮又胖，還瞎了一隻眼睛。其實很多人認為嚴嵩到後來就是老糊塗了，也沒做什麼壞事，壞事都是嚴世蕃扯起他的虎皮做大旗，營運嚴氏集團時做的。根據明制，嚴嵩這樣的大臣如果子女不能通過科學考察，每家有一定名額可以入讀國子監、太學，取得低階別學歷以便出任低階文員，相當於是給高級官員的一種福利。嚴世蕃從小定位明確，就沒打算過要去參加科舉，所以直接以父蔭入讀國子監，主要精力不攻教材，而是勤練青詞，達到了比夏言還高的水準，助其父邀寵。

按理說嚴世蕃不是進士，只是國子生，這種出身不能獲得清流高官，只能在尚寶司、中書科之類的地方當低階文員，上百年的傳統皆是如此。但明世宗就是一個破壞傳統的人，嚴世蕃由國子生登仕，初在尚寶司（負責收撿皇帝符璽的部門），後進太常卿，繼而進工部左侍郎。客觀地說，嚴世蕃智商頗高，尤其曉暢時政，比書呆子們精明得多。嚴世蕃曾論天下才子，唯有陸炳、楊博和自己三人。楊博好歹是個進士，陸炳和嚴世蕃則完全是憑藉家庭背景竊據高位，有幾分小聰明，但無法在公正客觀的考試中脫穎而出，所以也無法在清流體系中有太高的成就。可見，正規的考試體系才是

手底下見真章，孰高孰低有客觀標準，再能吹考不上也只是吹。但如果沒有，那就只能任由嚴世蕃這些掌握了話語權的貴公子互相吹捧，他們真的會成為最有才華的最高層。

嚴嵩年老頭昏，而且整天都在西苑陪著明世宗修仙，很難有機會去文淵閣理政，政事一應委任給兒子，嚴世蕃就成為了事實上的宰相。很多時候，嚴嵩在西苑不能處理的事情也拿回家給嚴世蕃處理。有時明世宗對內閣的奏疏不滿意，嚴嵩、徐階、呂本等一應宰相高才都無法明知聖意，結果拿回家給嚴世蕃一改就通過了，確實是個非常善於揣摩上意的精明人。

當然，嚴世蕃區區一個侍郎，也不至於公開在文淵閣辦公，而是讓官員們把檔案拿到家來處理，一時間滿朝文武都奔走在嚴世蕃的私宅，這其中也不乏許多權力掮客。嚴世蕃深諳古今中外的官場險惡之道，他處理政事完全不依宰相們的傳統風格。之前雖也出過一些焦芳、張璁這樣所謂的奸相，但好歹是進士出身，還是有底線，現在大權落入一個不讀聖賢詩書，專攻官場厚黑學的富家公子手中，場面可想而知。裕王朱載垕（即後來的明穆宗）連續三年沒有領到俸祿，最後湊了一千五百兩銀子給嚴世蕃，嚴世蕃才通知嚴嵩傳令戶部補發歲祿。嚴世蕃得意地說：「連皇帝的兒子都要送錢給我，你們誰還想不送錢就辦成事？」

嚴世蕃在京師營造了一座宏大的府第，內有數十畝湖

面，羅列了大量珍禽異獸、奇花貴樹，每天簇擁大量賓客在其中縱情歡飲，有點商紂王酒池肉林的感覺。來辦事的人都要先進獻奇珍異寶，然後喝酒，喝高興了嚴公子才替你辦。嚴世蕃信奉的為官之道就是「酒品見人品」，因為喝酒傷身，如果願意為嚴公子傷身，傷得越厲害就越有誠意，嚴公子才替你辦事。即便是朝廷重臣或是嚴嵩派來的近僚，喝酒這一關都是必須要過的，因為這代表著你對嚴公子的誠意。越是重臣或是親近的人，嚴公子越要「虐之酒，不困不已。（暴虐地灌酒，不灌倒不罷休。）」中國傳統的酒文化其實非常儒雅，勸酒被視為不禮貌的粗魯行為，高層交際尤忌醉後出現勸酒行為，而官場灌酒的惡習正始於嚴世蕃。

由於辦理日常事務都需要獻寶，嚴嵩父子的品味又很高，大臣們不得不卯足了勁搜刮。搜刮的方式無外乎向富人索取，再在商業上向他們輸送利益。有時急迫起來，也會有人動用國家暴力機器，構罪抄沒富人的家產，直接將珍寶奪來獻給嚴府。有時嚴府也會透露消息，說看上哪款寶貝，誰去找來就巴結上了我們嚴府。

比如有一次嚴府的門客湯臣打聽到武宗朝宰相王鏊收藏了宋代畫家張擇端的〈清明上河圖〉，這堪稱傳世丹青第一名畫，湯臣非常想弄到手讓主子高興。兵部右侍郎、薊遼總督王忬與湯臣交好，湯臣讓他想辦法弄來，王忬只好湊了很多錢向王鏊的家人求購，但王府不肯出讓，王忬也不敢強奪於

宰相之家（也有一些資料稱〈清明上河圖〉本在王忬家，他捨不得讓，便託辭在王鏊家），最後只好找了個臨摹高手黃彪臨摹了一幅贗品送到嚴府。嚴府得到〈清明上河圖〉，當然視為至寶，經常在重要場合當做鎮宅之寶拿出來炫耀，不料最終還是被湯臣鑑定出來是贗品。顏氏父子大怒，以蒙古土默特部俺答汗入侵，攻破了王忬的防區為由（其實只是游牧民族常見的掠過），冤殺了已升任右都御史的王忬。王忬的兒子是明中後期著名文學家王世貞，有一些研究認為王世貞實為《金瓶梅》作者。嚴世蕃字東樓，小名慶兒，東樓的反義詞是西門，所以王世貞寫西門慶這個大淫賊正是暗諷嚴世蕃，以報殺父之仇。儘管這個考證論據很纖弱，但嚴世蕃的荒淫程度較之小說中的西門慶倒真是不遑多讓。

6.5 留作忠魂補

貪腐從來不是一兩個人的事，貪官都要打造一個龐大的貪腐體系，體系越完善，貪得的利潤就越大。嚴嵩自身是正經八百的文官，他打造的貪腐體系比閹黨、武夫都要完善得多。除了嚴世蕃這個親兒子，嚴嵩還有趙文華、鄢懋卿兩位義子號稱哼哈二將，由此衍生出一個龐大的貪腐體系。

趙文華是嘉靖八年（西元 1529 年）乙丑科進士，嚴嵩當

國子監祭酒時,趙文華正好在他門下學習過,當時關係就很密切。後來趙文華考中進士,初授刑部主事,結果任期考察不合格,貶為東平州(今山東東平)同知。仕途受挫的趙文華深感自己才華拙劣,需要抱上權貴的大腿才有機會升遷,於是找到少時的老師嚴嵩,百般諂媚,甚至認作乾爹。嚴嵩也需要自己人,於是將趙文華安插在通政司。通政司是明朝的公文傳遞管道,所有正式公文都必須透過通政司上傳下達,否則就是私人書信。比如皇帝如果不透過通政司發文,就只能叫「中旨」而不是御詔。趙文華敘任右通政使,看到對嚴嵩不利的檔案他當然也無權扣壓,但至少可以趕緊告訴嚴嵩,預作準備,也算是為嚴嵩立了不少功。

然而趙文華心很大,上了通政使這個平臺就想自己去結交明世宗,拋開嚴嵩。趙文華勾搭上明世宗寵幸道士王金,透過他向皇帝進獻百華仙酒。明世宗當然也不是你灌湯灌水都來者不拒,要先證明了這酒確實好才會嘗。趙文華詐稱他老師嚴嵩就是喝了這種酒所以老當益壯,於是明世宗喝了,覺得確實不錯,寫了一張紙條告訴嚴嵩。嚴嵩大驚:「趙文華怎麼能這樣做!」於是婉轉地回答明世宗:「臣生平不用這些藥餌,虛度犬馬之壽確實也不知道是為什麼。」明世宗見趙文華騙自己,多少還是有點不高興,雖未指責但也沒有賞賜。

嚴嵩則把趙文華叫到文淵閣痛斥,罵他為什麼不先告訴自己?趙文華無言以對,只好長跪痛哭,久久不敢起身。另

6.5 留作忠魂補

兩位閣臣徐階、呂本見了實在不忍心，勸趙文華起身離去。第二天上班，九卿進謁內閣，趙文華作為通政使亦在列。嚴嵩卻仍有氣，讓小吏把趙文華拖出去。趙文華終於明白過來，在這種佞幸的體系中，人與人之間訂立人身契約，誰是誰的主子，誰是誰的奴才是有規矩的，繞開自己的主子去巴結別的主子（哪怕是皇帝）那是大忌。

此時的趙文華只能走夫人路線，送了一大筆錢給嚴嵩的夫人。嚴夫人替他出了個主意，讓他藏在嚴嵩家的別室，待嚴嵩酒酣耳熱，嚴夫人為趙文華辯解，這時隔壁老趙趁機出來跪拜，終於贏得了嚴嵩的諒解，重新收為家奴。事實上，嚴嵩本也沒打算真的驅逐趙文華，當著那麼多人的面折辱他其實恰恰是在磨練他，同時向所有人宣示：我在教訓自己的家奴。現在訓得夠了，趙文華也沒退路了，自然就可以收回了。在一個理論上人身平等的公民社會，貪官奸臣打造人身依附關係，往往就是用這些伎倆。

重歸帳下的趙文華不再東想西想，專心為乾爹撈錢。嚴嵩安排他出任工部右侍郎，是個大肥缺，這時恰巧又遇到一件大事——東南倭寇作亂。明中後期東南海路貿易的額度逐漸超過了西北陸路，倭亂也就成為比北方馬匪更嚴重的問題，朝廷花了不少錢來鎮撫。趙文華進獻七條平倭策，兵部尚書聶豹表示其中五條可行，但預徵三年田賦、遣重臣督師兩條不可。嚴嵩、趙文華合力猛攻聶豹，說他忤旨，將其免

職。最終，朝廷詔以南京兵部尚書張經總督江南、江北、浙江、山東、福建、湖廣諸軍，前往東南沿海一帶剿倭。嚴嵩安排趙文華以祭海神的名義同往，實際上是他派往前線的監軍，從此趙文華開始了很長一段時期的軍旅生涯。

一到前線，趙文華欲向張經索要二萬兩賄賂。張經一來是個正經人，二來覺得自己明明比趙文華官大，憑什麼要向他行賄，於是拒絕了。而且張經把趙文華當做下屬對待，忽略了他是嚴嵩乾兒子這層關係。在策劃作戰時，趙文華多次發表意見，都很外行，張經均不予採納。趙文華恨得咬牙切齒，寫了一封奏疏，彈劾張經糜餉殃民，畏賊失機。

誰知戰場瞬息萬變，趙文華的奏疏剛發出去，張經卻透過一場雷霆突襲，重創倭寇，斬首 1,980 級，燒死、淹死的不計其數，更重要的是摧毀了由中國、日本、朝鮮、葡萄牙等多國海盜結盟組成的大型聯合艦隊，取得了剿倭史上最著名的王江涇大捷（王江涇鎮在今上海、浙江、江蘇三省市交界處，今屬浙江嘉興）。這下趙文華慌了，不過張經看不起趙文華，有人看得起。浙江道巡按御史胡宗憲覺得這是個搭上嚴嵩這條線的好機會，表示願意與趙文華合作，聯名上疏謊稱王江涇大捷是他們倆的功勞，順便坐實之前趙文華彈劾張經的罪責。嚴嵩也在朝中積極配合，結果張經和浙江巡撫李天憲、蘇松副總兵湯克寬等九位功臣，居然被判處了死刑！

趙文華推薦胡宗憲接任浙江巡撫，胡宗憲從此對趙文華

披肝瀝膽，只要有人立功，胡宗憲都想辦法歸功於趙文華，而趙文華、胡宗憲自己打的敗仗就想辦法栽到別人頭上。前後幾任總督周琉、楊宜、曹邦輔都被他們構陷罷官甚至獲罪，人們終於明白過來，趙文華已在東海軍中一手遮天，所謂戰勝之功、敗軍之罪不在於你的實際戰績，只在於他怎麼替你上報！於是文武將吏紛紛向趙文華行賄，顛倒功罪，軍紀蕩然無存。所謂「倭寇」，並不真的都是日本國（倭奴國）人，其實大多是中國老闆，只是日本恰逢戰國亂世，很多武士失去了家主，成為浪人，不得不加入海盜集團謀生，所以日本人略多，明朝便將其宣傳成「倭寇」而已。猶如長城邊鎮和蒙古人多少有些交道，海軍、海防和倭寇之間千絲萬縷的連繫就更複雜了，趙文華這樣一弄，有些人大喜過望，一邊勾結著倭寇打劫撈實惠，一邊還讓趙文華為自己向朝廷報功，名利雙收！東南本是富庶之地，這下卻陷入塗炭，關鍵是自己的政府官員不但不保護人民，反而如此囂張地與海盜勾結，不但在海上搶船，甚至大張旗鼓地上岸搶人，這樣還能升官發財。大明王朝的政府信用直似長江奔海，東流不回。

　　不過胡宗憲這人情況稍微有點複雜，他削減了腦袋擠進嚴嵩體系不假，但在歷史上名聲卻未必很差，甚至很多時候不被視為嚴黨。因為胡宗憲貪歸貪，畢竟還是做了不少實事，他大力提拔的俞大猷、戚繼光在後期剿倭戰鬥中表現出

色,成為一代名將。尤其是戚繼光,南剿倭寇,北拒韃靼,在軍事理論上,也被視為古典軍事向近現代軍事學轉變的代表性學術大家,被譽為民族英雄。胡宗憲在一定程度上就是很多人所謂的「貪官能吏」,一方面貪了,一方面又很能幹,立了不少功。當時王直、徐海、陳東等幾股世界上最著名的海盜勢力(倭寇)盤踞東亞、東南亞海域,對正在蓬勃發展的海上貿易造成極大危害。其中,王直、徐海都是內陸城市安徽徽州歙縣人士,卻成為威震四海的海賊王。王直以日本為基地,徐海以越南為基地,當地政府都唯其馬首是瞻,甚至至今都還是當地戲曲文藝作品中的傳奇人物,可見一時風光無限。胡宗憲帶領俞大猷、戚繼光等名將精心策劃,奮勇作戰,用不同的策略將這些海盜集團次第剿滅,極大維護了世界海上貿易秩序,不可不謂一世偉業。戚繼光有一首著名的〈韜鈐深處〉:

小築暫高枕,憂時舊有盟。

呼樽來揖客,揮麈坐談兵。

雲護牙籤滿,星含寶劍橫。

封侯非我意,但願海波平。

更是表現出民族英雄公而忘私的浩然正氣,與嚴黨貪官截然不同。其實俞大猷、戚繼光和嚴黨的關係很微妙,不能簡單地劃為嚴嵩「一條線」。俞大猷在曾銑的理論基礎上,

發明了一種車營戰法，用裝甲重車裝載重炮，掩護火槍兵推進，實際上是後世坦克裝甲步兵戰術的萌芽，對付北方游牧民族的輕騎非常有效。俞大猷剛發表了這個發明，還沒來得及訓練，卻因為胡宗憲一次指揮失誤，放走數千倭寇，被御史彈劾，胡宗憲將罪責栽倒俞大猷頭上，被構陷下獄。

這時俺答汗入侵甚急，大同巡撫李文進堅持稱必須俞大猷來訓練車營才能鎮撫，嚴世蕃也明白其中的道理，但就是不放人。最終不知是誰出錢，透過陸炳重金賄賂嚴世蕃，才將俞大猷放出，訓練了一百輛裝甲炮車和配套的三千火槍步兵。不久，李文進、俞大猷帶領這支部隊在安銀堡（大同附近）遭遇俺答汗的數萬精騎，結果大破蒙軍，向北追逐了數百里，取得了明中後期對游牧軍隊最酣暢淋漓的一次大捷。不久，明軍根據李文進的建議進行了重大改制，在五軍、三千、神機這京師三大營的基礎上又增加了一個車營，成為四大營，可見對俞大猷車營戰法的認可。

所以趙文華下面的胡宗憲這條線情況確實比較複雜，他們搭上了嚴嵩這條線，但顯然不能簡單地視為嚴黨。胡宗憲雖然既貪且奸，但確實立了不少戰功，是典型的貪官能吏。胡宗憲雖然也構陷過俞大猷、戚繼光，但也不是一味往死裡整，而是既開發又掠奪，連俞大猷自己都認為畢竟還是胡宗憲成就了自己，換個更壞的人來，說不定早就把自己徹底埋沒了，所以後世也有不少人認為胡宗憲功大於過，能高於

貪。但我想無論如何，胡宗憲的「能」終究比藍玉還是差一點點吧？或許時光真的能改變很多東西，包括人的價值觀。明太祖鐵腕肅貪的時代真的過去太久太久，社會普遍的價值取向已然嬗變，很多人早就不以為意。但我們作為事後諸葛亮，俯瞰歷史長河，對比藍玉和胡宗憲的結局，看到的不是兩個人的軌跡，卻是兩百年歲月，已經將大明這架鐵山般偉岸的戰車腐蝕得鏽跡斑斑。

嚴黨的另一位大將鄢懋卿就沒有趙文華這麼複雜了，他的人生觀相當明確，就是撈錢。本來鄢懋卿才名不錯，仕途也未遇挫折，嘉靖三十五年（西元1556年）已官至左僉都御史，不久又升左副都御史，但為了能把一身才華更好地用在撈錢大業上，主動攀附嚴嵩，希望能撈個肥缺。正好當時鹽政不順，尤其是兩浙、兩淮、長蘆、河東四個主產區問題較大，戶部奏請朝廷派一員大臣總理鹽政，嚴嵩順勢派出了鄢懋卿。事實上，鹽政直接深入市場經濟主體，權力制衡非常重要，宋明以來，這四個主產區的都轉運鹽使都是分列的，絕無一人總理鹽政的先例，戶部提這個要求就是嚴氏黨羽故意提出，再由嚴嵩自己批准的。從此，恰如東南剿倭的戰場被趙文華一手遮天，華東的鹽業市場也被鄢懋卿一手掌握，利潤滾滾而來。

鄢懋卿生性奢侈，廁所裡面的床凳都要使用文錦，便器裝飾金銀。鄢懋卿最愛偕妻出行，乘坐一輛巨大的五彩車

輿，十二位美女在上面演奏樂器，路人無不傾駭。鄢懋卿在華東翻雲覆雨，行諸不法，監察御史林潤彈劾他五大罪，事事切中要害，但明世宗置之不理。原因很簡單——鄢懋卿自己撈，也能幫他撈。以兩淮鹽區為例，之前每年約能徵收六十萬兩鹽稅，鄢懋卿總理鹽政後每年就能徵到一百萬兩。這可是實打實的「能吏」，明世宗不但不理會對鄢懋卿的彈劾，還超擢其為刑部右侍郎。

但很顯然，這種鹽稅的增加，絕非經濟增長的效果，只是鄢懋卿加大了搜刮力度而已。可以想像，上交朝廷的鹽稅總額提高了，鄢懋卿從中貪墨的比例也在提高，那鹽商受到的盤剝不知加重了多少倍！這表面上是明世宗默許貪官攬權開撈，本質上是皇帝和貪官合作撈錢，所以林潤在彈劾中稱兩淮鹽商遭到苛斂，幾乎激變。鄢懋卿任滿回京，巡鹽御史徐爌極言其害，把鹽稅又降回六十萬的水準，但也沒有追索任何人的責任。

不過鄢懋卿在歷史上惡名昭彰，能與趙文華並肩稱作嚴嵩的「哼哈二將」，重點還不在於他貪贓無度，而是在於他力主必須取一位大忠臣的性命，這位大忠臣就是被譽為「明朝第一直諫」的楊繼盛。

明武宗正德十一年（西元1516年），楊繼盛生於一個貧苦家庭，從小一邊讀書一邊放牛。嘉靖二十六年（西元1547年），31歲的楊繼盛殿試高中第二甲第十一名，初授南京吏

部主事。嘉靖二十九年（西元 1550 年），楊繼盛升任兵部車駕員外郎。恰遇俺答汗入侵，大同總兵仇鸞以重金賄賂俺答汗不攻大同，東向去攻薊鎮，還奏請朝廷同意俺答汗開放互市的要求，其實是為了方便他和俺答汗互相走私策略物資斂財。楊繼盛上疏力辯，但當時仇鸞有乾爹嚴嵩保護，最終仇鸞升官，楊繼盛反被貶為狄道（今甘肅臨洮縣）典史（縣公安局辦公室主任，無品級）。楊繼盛毫不氣餒，在蕃漢雜居的狄道大力興辦學校，疏濬河道，開闢種植園、煤礦，還讓妻子張貞傳授紡織技術，深受各族人民愛戴，稱他為「楊父」。

一年後，仇鸞和嚴嵩、陸炳翻臉，被鬥倒，楊繼盛逐漸起復。嘉靖三十一年（西元 1552 年），楊繼盛從諸城（今屬山東濰坊）知縣一路晉升為南京戶部主事、刑部員外郎、兵部武選員外郎。這很可能是因為他首攻仇鸞，被嚴嵩視為可以拉攏的對象有關，所以著力提拔。楊繼盛也明白嚴嵩的用意，但他並沒有就此加入嚴黨，因為他很清楚，嚴嵩的罪惡比仇鸞更重，不能因為他提拔自己就甘心投效，國家一年內四次超擢自己，正是自己捨身報國恩的時候！楊繼盛精心準備，用了一個月時間起草彈劾嚴嵩的奏疏。

嘉靖三十二年（西元 1553 年）元旦（農曆一月一日，相當於現在的春節），預先齋戒三日的楊繼盛正式提交了這份震驚朝野的《嘉靖疏議》，極論明世宗誤用奸相嚴嵩，行諸多罪孽。楊繼盛用詞極其尖銳，不僅指明嚴嵩的「五奸十大罪」，

更將矛頭直指明世宗用人不當，還指名道姓地指出哪些朝臣要麼依附嚴黨，要麼噤若寒蟬，不能持正。甚至當年他中進士之前在國子監讀書時的老師徐階，也被他指為妄為宰輔，不敢規勸皇帝，忘恩負國。明世宗看了奏疏勃然大怒，召問嚴嵩。

嚴嵩連忙把奏疏拿回家召集黨羽商議，發現文末有一句，說嚴嵩大奸大惡，如果皇上不信，可以召裕王（明世宗三子朱載坖，即後來的明穆宗）、景王（四子朱載圳）問對。嚴黨認為可以抓住這一句大做文章，構陷楊繼盛假傳親王令旨。明世宗聽了嚴嵩的說法，也很生氣，問楊繼盛為何要把親王牽涉進來，是不是事先與他們合謀？楊繼盛淡然答道：「沒有合謀，但是除了二王誰不怕嚴嵩，敢指證嚴嵩的罪惡？」明世宗大怒：「那你這就是假傳親王令旨！」將楊繼盛逮入詔獄，杖責一百，令刑部起訴。

不過這種說法非常牽強，事實上無法定罪，但嚴嵩就不釋放楊繼盛，始終將其羈押在獄，企圖拖垮他的意志，讓他自己認罪。詔獄和監獄不同，監獄是已經定罪的罪犯服刑的地方，不會無故拷打，詔獄就還屬於偵查取證階段，每日拷打逼供是日常業務。很多人熬不住拷打，甚至會自誣其罪，只求快點轉到監獄去。但嚴嵩完全沒有料到楊繼盛是何等硬氣。

初入詔獄楊繼盛就被明世宗責罰一百杖，有人送了他

一副蛇膽，連獄卒都送他一壺酒，說用酒蚺服蛇膽可以鎮痛。楊繼盛滿不在乎地拒絕了：「我楊繼盛自有膽，何需蚺蛇膽？」一百杖顯然會把楊繼盛打暈過去，半夜獄卒卻聽到楊繼盛的房間裡傳來一陣令人毛骨悚然的聲音，點燈一看，嚇得渾身發顫！楊繼盛半夜醒來，正在自行處理傷口。他敲碎瓷碗，用碎片割腐肉。有些部位腐肉割盡，但壞死的筋仍掛在骨膜上，他用手一把扯去，再用碎片將感染的骨膜也刮乾淨，悉悉索索的刮骨聲從比死亡還要寂靜的詔獄深處傳出，連獄卒都嚇得膽顫欲墜。《三國演義》創作了一段神醫華佗為關公刮骨療毒的橋段，有人認為不合常理，其實比起正史中楊繼盛這段描寫，還算相當含蓄。

楊繼盛就是這樣一個鐵骨錚錚的漢子，羈押在詔獄將近三年，每日忍受拷打恫嚇，始終不鬆口，再加上輿論越來越不容，嚴嵩都有點心軟，準備釋放楊繼盛。但鄢懋卿指明楊繼盛是徐階的得意門生，有朝一日徐階當了首相，必然重用楊繼盛，到時候我們必然死得很難看，這就是所謂的養虎為患。嚴世蕃也很贊同，力勸嚴嵩必取楊繼盛的性命！嚴嵩同意殺楊繼盛，但又確實沒有足夠的罪證能判死刑，最終嚴黨想出一個辦法：按照明代法律，死刑要經過三複奏，前兩次明世宗都否決了判處楊繼盛死刑的奏章。

嚴黨耐心等到嘉靖三十四年（西元 1555 年）十月，趙文華構陷張經、李天憲等人判處死刑時，嚴嵩揣摩明世宗決心

要殺這二人，於是指使刑部尚書何鰲在死刑犯的名單末尾添上楊繼盛的名字，他在內閣通過，並尋好時機報給明世宗。明世宗雖然對楊繼盛判處死刑有異議，但當時注意力重點放在決心要殺這份名單的前兩名，後面七八個都是添頭，現在內閣破除層層阻力將張經、李天寵的死刑判決方案擺在面前，他不想再多做糾纏，不及細想便簽署了同意。於是嚴嵩稱楊繼盛的第三次死刑判決復奏通過，死刑判決成立！這顯然是打法律的擦邊球，甚至可以說根本不合法，天下譁然。楊繼盛之妻伏闕上書，大訴其冤。嚴嵩將她的奏疏扣下，抓緊時間執行了死刑。

面對死亡，其實楊繼盛並沒有絲毫的恐懼。臨刑前，他將自己在獄中自作的年譜交給兒子，並作詩一首：

浩氣還太虛，丹心照千古。

生前未了事，留與後人補。

天王自聖明，製作高千古。

生平未報恩，留作忠魂補。

臨死，楊繼盛念念不忘的仍是剷除奸臣，以報國恩。天下爭相涕泣傳頌此詩，楊夫人也自縊殉夫。京城官民敬仰楊家的忠貞剛直，自發將楊家故宅改為廟，將楊繼盛尊為城隍，並以其妻配祀。

楊繼盛是明朝甚至是宋明五百年來，第一個被殺的諫

官。明世宗自負非常，開例殺了第一個宰相夏言，現在又開例殺了第一個諫官楊繼盛，他這種自負很容易被貪官奸臣們利用，來做一些之前做不了的事。既然開了楊繼盛這個例子，嚴黨很快又因為輿論冤殺了另一位忠臣義士──沈煉。

沈煉是嘉靖十七年（西元1538年）戊戌科進士，歷任多縣的知縣。沈煉非常正直，在知縣任上就多次彈劾嚴嵩及其在地方的黨羽，嚴嵩對他很頭疼，後來想了個辦法，藉故將其調到錦衣衛作文員，並專門叮囑陸炳好好看管這個「刺頭」，另外也想讓沈煉見識見識錦衣衛的黑暗，讓他「懂事」一點。這也是相當不合規矩的做法，錦衣衛是專門用來安置勳貴家屬的，沈煉恐怕是錦衣衛史上唯一一位進士了。不過陸炳也看不住沈煉，他一進京就將矛頭直接對準嚴嵩本人，上疏論嚴嵩十大罪，奏疏極為急迫，觸怒了明世宗。一大幫嚴黨趁機幫腔，最終明世宗以沈煉在金鑾殿吵鬧、詆毀大臣邀寵的罪名，杖責後貶到保全州（今河北涿鹿）當文吏。保全州是隸屬宣府、大同的邊塞地區，環境非常險惡。但沈煉和楊繼盛一樣，依然牢記報國之念，在家裡立了李林甫（唐朝奸臣）、秦檜（宋朝奸臣）、嚴嵩的像作靶，讓人日日練射，嚴黨恨得咬牙切齒。

嘉靖三十六年（西元1557年），俺答汗大舉入侵，時任宣大總督是嚴嵩的乾兒子楊順。楊順胸無點墨，完全靠諂媚嚴嵩得居高位。趙文華好歹還開發出一個胡宗憲體系，實打

實地打了不少勝仗，楊順就只能祭起殺良冒功這個辦法了。俺答汗數月攻破四十餘座堡壘，大肆劫掠，楊順毫無抵抗之功，事後害怕朝廷追究軍責，只能謊稱戰勝，靠殺死一些避戰的百姓，取首級送往京師報功。這種事本來很容易露餡，但嚴黨把持上下，替他掩護過去，還大肆表彰。楊順厚顏無恥，將屬下將吏全部召來大同，大擺慶功宴，好像自己真的打了大勝仗似的。結果宴會上冒出來一個「不懂事」的人，沈煉送給他一首詩：

殺良獻首古來無，解道功成萬骨枯。
白草黃沙風雨狂，冤魂多少覓頭顱。

楊順氣得目眥盡裂，暗誓必要殺之而後快，向乾爹哭訴沈煉這種人和楊繼盛一樣，早晚會壞了我們家的好事。嚴黨派出心腹御史路楷巡按保全州，與楊順密議如何整治沈煉。最後，路楷果然又拿出了冤殺楊繼盛類似的伎倆。路楷搗毀了蔚州白蓮教邪教謀反基地，確定了多名逆首，在名單末尾添上了沈煉的名字。沈煉作為白蓮教逆首被殺，楊順還不解氣，趁亂活活打死了沈煉的次子，還專門派人到浙江去找到沈煉的長子沈襄，抓起來嚴刑拷打。

嚴黨這種迫害忠良的辦法操作得越來越熟練，似乎有形成慣例的趨勢。然而邪不勝正，惡貫滿盈的時刻就要到來。從楊繼盛到沈煉，嚴黨的罪惡越積越多，離他們的覆滅也就

越來越近。

嚴嵩弄權多年，有一個人其實一直在背後默默地注視著他，這個人就是徐階。

徐階仕途之初和夏言、嚴嵩避開「大禮議」高潮的做法相反，他是嘉靖二年（西元1523年）癸未科探花，初入官場便積極參與「大禮議」，勇敢地和張璁展開劇鬥，從翰林編修被貶為延平府（今福建南平）推官（分管司法的副市長）。但徐階在任上工作十分出色，不斷升遷為黃州府（今湖北黃岡）同知、浙江按察僉事、江西按察副使，借皇太子出閣的機會，召為司經局洗馬兼翰林侍講，不久升為禮部右侍郎、吏部右侍郎。仕途起落一大圈，回到權力中樞的徐階似乎也變了一個人，收斂起了鋒芒，成了一個老好人。以往，吏部例行考察地方官，都是象徵性地說幾句話。徐階卻折節下士，每次都好好地坐下來和地方官深談，噓寒問暖。地方官也很高興，願意認真彙報實情。徐階不但促進了工作，自身的美名也得到大大的傳播，不久又升為禮部尚書兼掌翰林院事。

很快，明世宗又發現徐階的青詞水準也很高，甚至在嚴嵩（實為嚴世蕃）之上，非常喜歡，令其入直西苑。後來方皇后病逝，明世宗準備將其靈位奉入宗廟，這其實是不合禮制的，因為皇后應該等皇帝死了，在宗廟中有了位置才能去從祀，怎能先入祀？徐階作為禮部尚書，與禮科都給事中楊思忠一同上疏指出不對。明世宗故意大怒，徐階並沒有像

6.5　留作忠魂補

「大禮議」之初那樣據理力爭，而是惶恐謝罪，立即轉變了立場。明世宗正是透過這樣的測試，確定徐階是「可用」之人。不過徐階和嚴嵩的關係依然微妙，徐階能重回中樞相當程度上是靠了夏言的舉薦，他很清楚嚴嵩始終忌諱這一點。於是徐階更加謹慎地侍奉嚴嵩，對嚴世蕃也是忍氣吞聲，甚至把孫女嫁給嚴嵩的孫子，不斷消除嚴氏對自己的猜忌。

　　嘉靖三十一年（西元1552年），徐階進少保兼太子太保、文淵閣大學士，排位在嚴嵩之後、東閣大學士呂本之前，仍兼禮部事。徐階入閣後第一件大事就是祕密揭發咸寧侯仇鸞，使其獲罪。嚴嵩一直以為徐階和仇鸞關係很好，想借仇鸞拉徐階下馬，結果到後來才知仇鸞就是徐階揭發的，不由得愕然。可見，徐階深藏不露，權謀手腕已然在嚴嵩這隻老狐狸之上。徐階長得矮胖白皙，天生笑臉，看著很討喜，人們笑稱他為「甘草閣老」，形容他像甘草這味中藥一樣，入口甘甜，但藥性太慢，是個八面玲瓏的老好人。嚴氏集團也逐漸放鬆了對他的警惕，甚至把他當成了自己人，徐階卻一直在耐心地等待機會。嚴黨連續製造楊繼盛、沈煉這樣的大案，觸怒天下，徐階認為扳倒嚴嵩的時機到了。

　　徐階首先是安排刑科都給事中，吳時來彈劾製造沈煉冤案的兵部尚書許論、宣大總督楊順、監察御史路楷，三位嚴黨成員均被罷免。緊接著，趙文華也出事了。趙文華在胡宗憲的扶持下，立了不少戰功，漸漸有把自己當成勳貴的感

覺，侍奉太監和嚴世蕃甚至明世宗都不如以前那麼勤快。有一日明世宗登高望遠，見西長安街有一座華麗的高樓，問是誰家新宅，左右答道：「這是工部尚書趙文華家。」旁邊又一人說：「工部的大木料，一半都被趙尚書拿去建宅，哪裡還能營造新的殿閣？」明世宗也是個喜歡大興館閣的人，想到這幾年建造不多，原來是這個原因，心裡很不高興。

嘉靖三十六年（西元 1557 年）盛夏，紫禁城的三大主殿──奉天殿、華蓋殿、謹身殿以及正陽門樓發生火災，被燒個精光。明世宗非常傷心，徵集了很多錢，責成工部趕緊重建，結果工部遲遲不能完工。明世宗大怒，心想恐怕真的是趙文華貪汙了上好木料，所以建大殿反而沒材料了。他先曉諭嚴嵩：「趙文華似乎沒以前那麼能幹了。」嚴嵩還極力為乾兒子掩護，說趙文華長年南征，感染了熱疾，建議讓一位工部侍郎暫時代理職權。明世宗點點頭，趙文華也上了一封奏章，請休假個把月。結果明世宗順水推舟，說現在大興土木，工部尚書職權重大，不能空缺，趙文華既然有病，就回家去慢慢休養吧！趁勢解除了趙文華的一切職務，舉朝相賀。

更令人想不到的是，趙文華被驅逐，但沒有人來痛打落水狗，趁機再彈劾他，明世宗反而很生氣，他只好親自操刀，祭出他的絕技──禮議！別激動，這次不是「大禮議」，只是小議了一下趙文華父子在禮法方面的紕漏，將其削籍為民，兒子流放充軍。趙文華可能確實也有一些病，再

加上鬱鬱不樂，愈發病重，有一晚躺在舟中用手按肚子，居然把肚子按破了，臟腑流出，死得非常慘。更慘的是他兒子，趙文華死後，朝廷核查他經手的軍餉，查出被他侵盜十萬四千兩之多，要由他兒子來償還，直到明神宗萬曆十一年（西元1583年），還沒還夠一半。法司援引一些判例，請求豁免。明神宗（朱翊鈞）不許，將其子流放充軍。

趙文華是嚴嵩最重要的一條膀臂，他倒臺後徐階覺得時機更加成熟，讓吳時來加緊攻勢。嘉靖三十七年（西元1558年），吳時來又約刑部主事董傳策、張翀上書彈劾嚴嵩，結果不勝，三人均被貶謫。嚴嵩也明白徐階要對自己下死手了，連忙向明世宗上疏抗辯，稱是徐階主使這一連串彈劾案。但為時已晚，現在的徐階已經深得朝野上下的喜愛，連明世宗都信任徐階超過了嚴嵩，不但不調查徐階，還加太子太師。徐階和他兩個在尚寶司和中書科當低階文員的兒子更加勤奮地侍奉明世宗。

嘉靖四十一年（西元1562年），徐階晉少師，兒子徐璠晉太常少卿，徐琨任中書舍人。嚴家卻正好相反，不斷失寵。恰逢嚴嵩的夫人歐陽氏病逝，按禮制嚴世蕃應該回家守喪三年。他一走，年過八旬的嚴嵩哪裡還能應付場面，除了青詞不得明世宗的喜愛，更多次犯錯。最嚴重的一次是皇帝寢宮失火，嚴嵩請明世宗暫居南城離宮。這是當年明英宗土木堡之變後被景泰帝軟禁的地方，非常不吉利，一百多年沒人住過了，現在嚴

嵩居然提出讓明世宗去住，在明世宗看來極其晦氣。

徐階知道，應該進行進一步的攻擊了，但他也不是一步到位，不留底牌，沒有直接上一封奏疏去揭露嚴嵩的罪惡，而是循序漸進，先在民間找到一位善於扶乩的道士藍道行，推薦給明世宗，明世宗非常喜歡。藍道行則不斷借上天的旨意說嚴嵩是奸臣，正好明世宗心中對嚴嵩不喜，就聽進去了。藉著這個背景，徐階才讓御史鄒應龍發起對嚴嵩的彈劾。這一次明世宗果然同意，儘管沒有治罪，但勒令嚴嵩退休，一時朝野歡騰。

很多人認為宜將剩勇追窮寇，將嚴氏奸黨一網打盡！徐階卻冷靜地制止了，他反而親自到嚴嵩家去慰問，嚴嵩父子感動得叩頭致謝。嚴世蕃請求徐階在皇上面前說情，不要窮治其罪，徐階也滿口答應。這種做法連徐階的兒子徐璠都不理解，徐階罵道：「沒有嚴老就沒有我們家的今天，現在嚴家有難，我恩將仇報，豈不被人恥笑？」嚴家自然也有耳目，這話傳回嚴家，嚴世蕃都長舒了一口氣。

事實上，這正是徐階在運籌帷幄，他知道明世宗對嚴嵩多年的感情不可能一日盡喪，如果攻其太急，反而容易激起明世宗的同情心，適得其反，前功盡棄。接下來很長時間，徐階不但不攻擊嚴嵩，反而把很多急不可耐彈劾嚴嵩的奏疏擋下，但明世宗一旦起了召回嚴嵩的念頭，他也極力勸止。就這樣過了一年多，明世宗對嚴嵩的感情漸漸疏遠，嚴氏也

放鬆了警惕，此刻，才是發起致命一擊的時候！

徐階授意南京都察院監察御史林潤糾劾嚴嵩、嚴世蕃、鄢懋卿等諸多不法，嚴黨最大的罪狀當然就是冤殺楊繼盛、沈煉，林潤自然以此上奏。嚴世蕃得知罪名反而非常高興，對旁人說：「不用擔心了，這罪成不了。」因為嚴世蕃很清楚，楊繼盛、沈煉雖然是冤案，但造成冤獄的主要還是明世宗自己，他不是一個開明的聖君，怎會自承罪過？林潤這個攻擊完全會被明世宗這堵高牆擋下來。

然而奏疏在上報皇帝之前要先經過內閣，徐階看到奏疏召刑部尚書黃光升、左都御史張永明、大理寺卿張守直等司法官商議，先問：「諸公想讓嚴世蕃活還是死？」諸人紛紛答道：「必要他死！」徐階向他們解釋了楊繼盛、沈煉案治不死嚴世蕃的道理，眾人恍然大悟。徐階將嚴世蕃製造冤獄、欺壓百姓甚至貪汙腐敗等罪名通通不用，只精選了兩條：一是在嚴世蕃在家鄉挑選了一塊有「王氣」的地造宅，這是有不臣之心；二是嚴世蕃籠絡了一個大海盜王直的親戚羅龍文，與王直暗通款曲，蓄養私人武裝。而且當時羅龍文確實在安排一旦嚴氏敗亡，就要帶嚴世蕃「跑路」去日本的事宜，證據非常確鑿。徐階很清楚，明世宗最恨的就是禮制、通倭二事，所以集中火力，攻其一點不及其餘。徐階將法司的奏章退回，自己親自寫了一封，以法司的名義上報，明世宗果然大怒，下令將嚴世蕃、羅龍文等涉案人員斬首。

抄沒嚴世蕃家時，抄到黃金三萬餘兩，白銀二百萬餘兩、玉器八百七十五件、字畫三千二百軸、錦緞四萬匹，其他珍寶服玩如象牙、犀角、玳瑁、瑪瑙價值又數百萬，僅金銀就相當於明朝好幾年的國庫收入。後來錦衣衛又從嚴世蕃在京師和老家的地下發掘出來十餘窖深一丈（每窖容積約合3.7公尺）的存銀，這些存銀最初連嚴嵩見了都被嚇了一跳，喃喃道：「多積者必厚亡，奇禍！奇禍！」錦衣衛調十艘大船來運這些銀兩，居然都還顯得很吃力！

　　嚴嵩和孫子們都被削籍為民，嚴嵩的晚年非常悽慘，85歲的老頭孤身一人，寄居在墓穴中，靠偷祭品果腹，苟且偷生兩年後，87歲高齡的嚴嵩孤獨地死去，既無棺木下葬，更沒有前去弔唁的人。

　　搞笑的是鄢懋卿卻幸運地逃脫了懲罰，然而法網恢恢，疏而不漏，鄢懋卿最終還是得到了應得的懲罰。只不過令人哭笑不得的是，鄢懋卿最終還不是受嚴嵩牽連，恰恰相反，他是想去食嚴嵩的腐肉，一不小心敗露才獲罪。嚴嵩傾覆時，嚴氏黨羽紛紛獲罪，鄢懋卿這位主將卻並未受到牽連。大理寺卿萬寀負責審理此案，利用職權偷偷藏匿了八萬兩嚴嵩的贓款，鄢懋卿對嚴嵩的案情何其了解，很快就發現了這個漏洞，但他並沒有揭發萬寀，而是向萬寀索賄，於是萬寀就分了二萬兩給他。

　　最終此事敗露，鄢懋卿和萬寀均獲罪流放充軍。貪官

貪，審他的人也貪，他的老部下不但沒被牽連，還來分一杯羹，這樣一個全面貪腐的體系著實令人心寒。最終以嚴黨論罪的大臣還有數十人，這其中有幾個人特別噁心，為了巴結嚴黨，不惜去替嚴世蕃做「狎客」，就是每天粉墨塗面，供嚴氏父子歡笑。南京光祿少卿白啟常首開此風，而南京太常卿王材、右諭德唐汝楫兩人則經常出入嚴嵩的臥室，這具體是做什麼就不必細說了。堂堂進士文官，墮落至戲子邀寵的地步，其實這些人就是早期的張彩，只是嚴嵩父子的要求比劉太監更高一些，他們還沒來得及提拔到更高位置而已。

　　那明朝的官場至此已經陷入全面貪腐，無可救藥了？其實也不是，疾風知勁草，板蕩識誠臣。正是在嚴嵩黨羽氣焰囂張的這個背景下，無數忠臣義士挺身而出，用自己的青春血肉，譜寫了一曲曲忠誠的讚歌。這其中，最為耀眼的就是被譽為「明朝第一直諫」的楊繼盛，正是楊繼盛和沈鍊大無畏地向如日中天的嚴氏奸黨發起一輪又一輪的血肉衝鋒，才不斷激起朝野憤慨，最終使奸黨惡貫滿盈，一朝傾覆。當然，最後踢出「臨門一腳」的徐階功勞也大，尤其是徐階隱忍多年，最終鬥倒嚴嵩的故事也成為歷史上與貪官奸臣作鬥爭的經典。徐階也曾與楊繼盛、沈鍊一樣，是個熱血滿腔的少年，被現實教訓後，變得圓滑世故，謹慎侍奉明世宗和嚴黨多年，身居高位也不輕易出手，直到有必殺把握時才一擊致命，為國為民除了一個鉅奸。或許，徐階就是張鵬和楊慎之

間的一個中庸產品吧。

　　嚴氏奸黨分工明確，嚴嵩在皇帝面前出面邀寵，嚴世蕃不學正途，專練青詞，蓋過了夏言的水準，但其實這主要還是勝在別人沒有用心鑽研，只要徐階這樣的人下了決心鑽研青詞，水準還是可以蓋過嚴世蕃。而且在最後的一系列鬥爭中，徐階總是能料敵先機，牢牢壓住以「鬼才」自詡的嚴世蕃，可見邪不勝正，貪官奸臣往往只是人棄我取，劍走偏鋒，並非真正的大才，論起真來，這些人始終是較不過高才的。但也需要指出的是，後人千萬不要以為鬥倒嚴嵩僅靠徐階的聰明，楊繼盛、沈煉的犧牲也是必不可缺的，沒有這兩次堅決的鬥爭激起世人對嚴黨的戰鬥決心，徐階根本不會動手，還會一直等下去。與貪腐的鬥爭真的就是一場險惡的戰爭，既需要徐階這樣的謀帥運籌帷幄，也少不了楊繼盛、沈煉這樣衝鋒在前、勇於犧牲的勇將，正如楊繼盛在詩中所說的那樣：

　　浩氣還太虛，丹心照千古。

　　生前未了事，留與後人補。

　　天王自聖明，製作高千古。

　　生平未報恩，留作忠魂補。

6.6 海瑞上疏，剛峰一柱

既然論貪官明朝有嚴嵩堪與梁冀、楊國忠、秦檜、和珅比肩，那論清官又有誰能與比干、張湯、魏徵、包拯比肩呢？答案是海瑞。

海瑞，生於明武宗正德九年（西元 1514 年），卒於明神宗萬曆十五年（西元 1587 年），字汝賢，海南瓊山（今海南省海口市）人，嘉靖二十八年（西元 1549 年）廣東鄉試舉人。後世常以海瑞與宋代名臣包拯「包青天」相比，稱其為「海青天」。海瑞號「剛峰先生」，其剛正廉直，如一座凜然高峰，孤傲地矗立在晚明的渾濁亂世之中，分外耀眼。

嘉靖二十八年（西元 1549 年），海瑞參加廣東（當時海南島屬廣東管轄）鄉試，中舉人，但次年進京會試卻落榜，之後海瑞又參加了一屆會試，仍以較大差距落榜，於是放棄進士夢，僅以舉人謁選入官，初授南平縣（今福建南平）教諭（教育局長）。根據明朝「清濁分流」的官制，他會在這個位置上做很久，然後有機會就升為州一級的局長，再有機會升為府一級的局長，再有機會升到布政司或者按察司去當局長，至於知縣、知州、知府、都布按三司這條主線或是京官，除非他運氣爆棚，又考上進士，否則想都別想。這個官制在當時已經非常成熟，極少有人能打破，但如果你要找特例，那海瑞就是一個。

海瑞能在成熟體系下破例，首先是他在職位上累積了豐富的清正廉明官聲，其次必須得做點「出鏡」的事來，另外還得有很大的運氣成分。這幾個缺一不可的因素很湊巧地集齊於海瑞一身。

福建道監察御史來巡視南平的教育工作，按當時官場風氣，很多官吏都伏拜御史，唯獨海瑞只是長身作揖。旁人問他為何不懂禮數，他答道：「拜見御史本來應該用下屬的禮儀，但這裡是教書育人的地方，不能屈尊。」海瑞不走尋常路，但又回答得有理有節，一時聲名鵲起，破格提拔為淳安（今浙江杭州淳安縣）知縣。當了知縣，海瑞更以清貧廉潔著稱，他親自穿上布袍打穀，讓自家的僕人種菜自給自足，很少上街買菜。有一次海瑞為母親祝壽，上街買了兩斤肉，總督胡宗憲居然把此事當成一個新聞，到處跟人說，可見海瑞真的是已經清貧廉潔到了連正當消費都很稀罕的程度。

同時，海瑞還非常勇於向權貴開炮。既然在浙江這個地方當官，當然就要找當地最炙手可熱的人物下手。浙江官場上，胡宗憲既搭上了嚴嵩的線，又屢立戰功，顯然是一方官場巨星，他的門生故吏更是遍布浙江、福建、廣東的軍政兩界，人脈壟斷東南沿海。有這樣的權勢背景，他的家人當然也是非常驕橫，海瑞就挑中了他下手。有一次胡宗憲的兒子錦衣千戶胡桂奇路過淳安，因為驛站的小吏接待不周，觸怒了他，他竟然將驛吏倒懸起來掛在門上！這就是替海青天

輸送砲彈了。海瑞說：「胡公曾經有過明令，驛站不許太過鋪張。此人如此招搖，必非胡公子，是個冒牌貨！」立即將其逮捕，搜出來數千兩銀子，全部充公，並且把人綁送胡宗憲。胡宗憲啞巴吃黃連，只好不了了之。可見，海瑞不是那種無差別掃射的人，他的鬥爭其實是很有策略的。

不過胡宗憲還算是很有底線的人，鄢懋卿就不好對付了。不久鄢懋卿親自路過淳安，出現了胡桂奇一樣的情況，嫌接待太差。誰知海瑞答覆他說這縣城太小，容不下您鄢大人的車馬（您想要厚待還是請別處去吧）。鄢懋卿氣得直咬牙，但久聞海瑞大名，不便發作，只得含恨而去，暗中囑咐巡鹽御史袁淳調查海瑞和另一位不諂媚自己的地方官慈溪（今浙江寧波慈溪縣）知縣霍與瑕。

袁淳找到海瑞、霍與瑕在鹽政方面的一些紕漏，上奏朝廷將他們貶官處理。海瑞當時已經提拔為嘉興府（今浙江嘉興）通判（正六品），因此被貶為興國州（今湖北黃石陽新縣）判官（州是比府低一級的市，所以祕書長稱判官不稱通判，從七品）。但這幫貪官沒有料到的是，這反而幫了海瑞一把。首先，因為不諂媚上司而被論罪貶官，這本身已經足以引起輿論同情。其次，與海瑞一起遭殃的霍與瑕還不是一般人，而是禮部尚書霍韜之子。霍韜是在「大禮議」之中，站明世宗、張璁一隊而得寵的，在朝廷也算是個焦點人物，他的兒子受到如此不公正待遇，這事兒很快就會傳得滿城風雨。不

過恰如楊廷和的兒子楊慎仕途受限一樣,霍韜的兒子在仕途上也很難取得太大成就,真正因這場風波火了的恰恰是海瑞。

嘉靖四十五年(西元 1566 年)二月,當了好幾年州判之後,海瑞終於迎來了仕途最重大的一次轉折——還不是嚴嵩倒臺,而是陸光祖就任吏部文選郎中,執掌全國的文官任免。陸光祖是晚明最著名的吏部官,歷任驗封、考功、文選等多個吏部清吏司的郎中,後又歷經太常少卿、太常寺卿、大理寺卿、工部侍郎、南京工部尚書、南京刑部尚書、南京吏部尚書、刑部尚書等職,最終回到北京任吏部尚書直至退休。陸光祖長期掌管人事,栽培了晚明許多重臣,同時又勇於堅持原則,在歷史上以封還明神宗違規讓趙志皋、張位入閣的特旨著稱,被譽為晚明名臣。陸光祖早聞海瑞大名,當了文選郎中第一件事就是將海瑞提拔為戶部主事。

六部主事是京官的骨幹,主要作為二甲進士的初授官,三甲進士一般都很難得授,海瑞一個受到排擠打壓的舉人,由從七品州判官突然提拔為正六品主事,豈非天恩浩蕩?然而,正如楊繼盛一年受四次提拔,於是思報國恩,毅然出劾首相嚴嵩一樣,海瑞也要做點比彈劾嚴嵩更驚天動地的大事,那還能是什麼?只能是把矛頭直接對準皇帝咯。

海瑞到了京城,先去戶部報到,然後不是急著去錢糧衙衙(戶部衙門)的新辦公室上班,而是到刑部大牢的後街買了

一口棺材，然後把家人託付給友人，到通政司遞交了他精心撰寫了許久的《治安疏》。時值世宗朝末，不少廷臣因為上疏言事遭到拷打至死，言論已經趨於閉塞，而明世宗剛剛驅逐了嚴氏奸黨，朝野上下確實非常高興，一時稱頌奏疏不斷，突然冒出這麼一篇對明世宗直接進行強烈抨擊的文章，顯得相當刺眼。

那麼這篇被譽為「直言天下第一事疏」的《治安疏》是怎麼批判明世宗的呢？

海瑞先為痛罵作點鋪陳，說漢文帝（劉恆）被認為是一代聖君，賈誼仍要痛哭流涕地勸諫——所以我今天不把你罵夠怎麼好意思？接著就火力全開：

其實陛下的天資英斷比漢文帝強多了，但卻搞成今天這個樣子，「天下人不直陛下久矣！」大家早就不爽你啦！嚴嵩雖然被罷免，但他被罷免之前風氣已經很差了，現在就算罷免嚴嵩也就那樣，有什麼好得意的？其實要當個聖明君主有多難？不說堯、舜、禹、湯、周文王、周武王，也不說漢文帝了，就說接下來的榜樣，漢宣帝（劉詢）的勵精圖治、漢光武帝（劉秀）的開明大度、唐太宗（李世民）的英武無敵、唐憲宗（李純）的志平僭亂、宋仁宗（趙禎）的寬厚仁恕，你哪怕做到一樣都堪稱賢君——但你就有本事一樣都做不到啊！

你做的壞事很多，最壞的就是寵幸道士，這事不但造成了朝政腐敗，關鍵暴露智商啊！你以陶仲文為師學長生之

術，現在他自己都死了你還信？這麼多年你搜刮民財來寵幸道士，百姓都說「嘉靖者，言家家皆淨而無財用也。」你這已經不是丟自己的臉，所有臣工的臉都被你丟盡了，你到底能不能幡然悔悟，做個好皇帝，置身於堯、舜、禹、湯之列，好讓我們也置身於皋、夔、伊、傅（堯、舜、禹、湯麾下的賢臣）之列，洗雪恥辱啊？

客觀地說，海瑞這篇《治安疏》已經不是一般的言事疏，而是赤裸裸的人身攻擊，而且完全是一種居高臨下的教訓姿態，其實我們很容易從中發現中小學家長的慣用套路，如表1所示。

表1　海瑞教訓明世宗的套路分析

海瑞教訓明世宗的套路	中小學家長訓孩子的套路
你看人家漢文帝那麼聖明，賈誼還要勸諫。	你看人家小明成績那麼好，他的家長都還要教育他。
嚴嵩罷免前風氣本就不好，罷免了他也不行。	你雖然改掉了這個毛病，但之前本來就習慣就不好，改了也不夠。
漢宣帝等古代明君各有優點，你哪怕能有其中之一的優點也好啊！	小明的語文、小華的數學、小慶的英語、小露的物理、小成的化學……你哪怕有一樣能像他們也好啊！
你這已經不是丟自己的臉，所有臣工的臉都被你丟盡了。	你成績這麼差，不是丟自己臉，爸媽的臉也被你丟盡了。

海瑞教訓明世宗的套路	中小學家長訓孩子的套路
你到底能不能幡然悔悟，做個好皇帝，好讓臣工們也洗雪恥辱啊？	你到底能不能考一次好成績，站在領獎臺上，父母臉上也有光啊！

至於「嘉靖者，言家家皆淨而無財用也。」把「嘉靖」說成「家淨」，對此我想我有責任提醒學齡兒童家長：教育孩子，可以嚴厲甚至可以粗暴，但切記像這樣尖酸。而且海瑞還暗插了一個（但不僅限於一個）相當刻薄的釘子——他很奇怪地把唐憲宗也列在古代明君的行列。

唐憲宗在歷史上主要事蹟有二：一是抑制了藩鎮勢力，唐代最大的弊政就是藩鎮節度之禍，憲宗朝已經隱然有藩鎮割據的態勢，唐憲宗果斷鎮壓，相當程度上抑制了藩鎮節度使的惡性發展；二是崇信佛道，做過奉迎佛骨的荒唐事，晚年又吃道士煉製的金丹而死。唐憲宗應該說有一定的作為，但放在這裡作為明君的代表和堯舜禹湯、漢文帝、唐太宗、宋仁宗並列就很突兀了。

其實海瑞這樣寫是一種相當狠辣刻薄的筆法。首先，明世宗以藩王入繼大統，這也是早年「大禮議」的核心話題，他對「藩鎮」、「藩王」這些字眼是很忌諱的，海瑞卻很牽強地拿個鎮壓藩鎮的唐憲宗出來說事。其次，唐憲宗崇信佛道，歷史名聲並不好，海瑞故意把唐憲宗和那些多賢君放在一起，其實就是讓明世宗看看：如果把你這種人跟小明、小華放在

一起顯得多麼刺眼。更可怕的是，唐憲宗是吃道士煉製的「長生藥」暴斃的，明世宗也整天吃這類玩意，又迷信，在這方面對「唐憲宗」這個字眼的忌諱更勝其他，海瑞故意插個唐憲宗，您說陰損到了什麼程度？

明世宗看了氣得把奏本狠狠扔在地上用腳猛踩，大喊：「快去把這人抓住，別讓他跑了！」司禮監掌印太監黃錦在旁答道：「此人素有痴名，聽說上疏時自知必死，先去買了一口棺材，訣別了家人，遣散了僕僮，自己坐在朝堂待罪，不會跑的。」明世宗聽了不禁默然，過了一會兒又取出奏疏讀了一遍，一天讀了好幾遍，到後來竟然感動起來，留著讀了幾個月。

最後，明世宗感嘆道：「此人可與比干相比，但朕可不是商紂王。」之後明世宗的心情很差，身體也越來越虛弱，自感大限將至，召首相徐階來商議禪位給兒子的事。這時他突然又很奇怪地將海瑞逮入詔獄，追究是誰主使海瑞發表了這麼聳動的一篇奏疏。不久，海瑞被移送司法，判處了死刑。但死刑判決呈送給皇帝勾決時，明世宗又遲遲不批准。戶部司務（從九品）何以尚判斷明世宗其實並無要殺海瑞的意思，於是上疏請釋放海瑞。明世宗卻又勃然大怒，命錦衣衛將何以尚杖責一百，逮入詔獄，日夜拷打審問。徐階也極力營救海瑞，明世宗依然不肯放人。兩個月後，明世宗駕崩，裕王朱載垕繼位，史稱明穆宗，年號隆慶。海瑞和何以尚才雙雙獲釋。

6.6　海瑞上疏，剛峰一柱

　　明世宗是在晚上駕崩的，當夜宮外還不知道，但詔獄裡有些人已經得到消息。關押海瑞的牢頭消息很靈通，認為新帝說不定會重用海瑞，於是請海瑞吃了頓好的。海瑞以為這是死牢的慣例，送你一程最後吃頓好的，於是開懷暢飲，大吃大喝。牢頭悄悄告訴他：「剛才皇上駕崩了，先生馬上就要出去重用了。」海瑞一驚：「消息可信嗎？」隨即嚎啕慟哭，一直哭到把剛才吃的東西都嘔出來，又哭倒在地，一夜都沒停。

　　可見，明世宗和海瑞其實是惺惺相惜的。人之將死，其言也善。海瑞抱定必死之心，只求以一封直諫名垂青史，所以言無不盡（甚至有些過分）。明世宗亦知大限將至，看了這封奏疏雖然一時有氣，但他畢竟是皇帝，感嘆這麼多年來與臣工們隔絕，沒有聽到真話，也深知大明王朝已經被帶到了一個盲人瞎馬的邊緣，非常危險，急需一柄海瑞式的利劍來刺破厚重的黑幕。

　　明穆宗登基後，海瑞官復原職，不久改為兵部主事，依次提升為尚寶丞、大理寺丞、南京通政使、通政使。隆慶三年（西元 1569 年），海瑞以右僉都御史巡撫應天十府，管轄範圍包括應天府（今江蘇南京）、松江府（今上海市）、蘇州府（今江蘇蘇州）等最為富庶之地。很多貪官汙吏知道名震天下的「海青天」要來，竟然嚇得主動辭職。一些有錢有勢的人本來建造了大紅門，覺得太高調容易被海瑞盯上，主動把門刷

089

黑，免得引起注意。江南織造業發達，內廷直接派出一些太監來監察織造行業，稱織造中官，這些人本來在江南繁華之地作威作福，聽說海瑞要來，也都減少了興從，收斂行為。

所以說，一個著名的清官執政一方，能夠淨化當地的風氣，這就是一個清官最大的效用。當然，有些人宣揚「貪官能吏論」、「清官無用論」則是非此即彼了。清官不但能淨化風氣，理政治國往往也有很一套。道理很簡單，市場本身能夠合理配置資源，官員只需要維持正當的市場秩序，看不見的手自然會讓資源配置達到帕累托最優，經濟就能健康發展。恰恰是貪官汙吏出於私利目的，管不住看得見的手，才會作出一些有損公共秩序、不利於市場健康發展的行為。

後世有些人說到「清官無用論」就特別愛舉海瑞的例，認為海瑞不會「做人」，也不會「做事」，一輩子只會得罪人，沒什麼「政績」。其實海瑞在應天巡撫任上政績相當卓著，《明史》稱其「銳意革興」，並且主持了疏濬吳淞、白茆等通江達海的大型工程，既興建了水利，又促進了水運。超強的大型工程，尤其是基礎設施建設能力堪稱是中華民族的種族天賦，但明朝末年的基建能力卻急遽萎縮，海瑞到任前數十年，江南水網的重要水利航運設施都幾近癱瘓。原因無他，貪官汙吏的層層盤剝腐蝕了社會的根基，貪官們把錢撈完，哪裡還顧得上給老百姓修工程？

事實上，我們還可以從更宏觀的歷史角度來看待海瑞的

重大功績。穆宗朝雖然很短，前後只有七年，卻是人類貿易史上最濃墨重彩的一頁。由於世宗朝後期胡宗憲、俞大猷、戚繼光等大力徵繳海盜（倭寇）取得成效，官兵搗毀了海盜散布在中國、日本、越南、馬六甲等許多地區的基地，斷絕了海盜短時間內再生的源頭，海上貿易秩序基本恢復。明穆宗隆慶元年（西元1567年），朝廷宣布終止世宗朝執行了數十年的海禁，全面開放海上貿易，允許國內外船隊自由進出中國海域（以前只要非官方船隊都會被疑為海盜，民間海貿幾近扼殺），史稱「隆慶開海」。

中華民族的另一個種族天賦——貿易又爆發出來，「中國製造」是比潘朵拉厲害百倍的惡魔，中國人的船隊如同天女散花，瞬間遍布五洋四海，中國創造的絲綢、茶葉、瓷器、鐵器突然就堆滿了北歐甚至美洲的市場，連墨西哥這種尚未完全開發的地區都出現了中國理髮匠——因為據說在維達・沙宣（Vidal Sassoon）之前，財大氣粗的中國商船老闆只信任來自蘇州府崑山縣的髮型師。「隆慶開海」又恰逢日本和南美這兩個大銀礦開發的歷史機遇，全世界的貴金屬如百川歸海，疾速匯流到中國。

短短半個世紀，中國就從一個貴金屬匱乏地區變成金銀集中地。根據多倫多大學弗蘭克教授（André Gunder Frank）所著《白銀資本：重視經濟全球化的東方》（*ReORIENT：Global Economy in the Asian Age*），自明穆宗隆慶元年（西元

1567 年）至明思宗崇禎十七年（西元 1644 年）的 77 年間，全球 2/3 的國際貿易與中國有關，約有 3.53 億兩白銀透過國際貿易流入中國，約占全球白銀總量的 1/3（弗蘭克後又以論文形式將此數據修正為 5 億兩、占全球總量的 1/2）。弗蘭克驚呼隆慶、萬曆年間的中國簡直就是一臺「銀泵」！依我看還是一臺大涵道比多連桿傳動渦輪增壓湍流泵！

那麼在經濟貿易方面取得如此偉大的成就，應該歸功於誰？首先當然還是胡宗憲、俞大猷、戚繼光他們掃平海盜，才能奠定正常貿易的環境。其次則要好好想一想誰是貿易的主體，海量的絲綢、茶葉、瓷器、鐵器從何而來？答案是──海瑞。

沒有開玩笑，真的是海瑞。當時的江南是世界上生產力最發達的地區，行銷世界的「中國製造」大部分產自此地。海瑞踏著這個歷史節點上任應天巡撫，掌舵這個「銀泵」的核心轉子部件，一手開啟了這段波瀾壯闊的史詩征程，您說他的理政治國能力難道不是史詩級的？

說到底，海瑞這種治國能力根源不在於聰明，還是在於他的一身正氣。持身正，才會做正事，才能做好正事。如果他是個貪官，一頭紮進江南水鄉的花花世界，就嗅著遍地的銅臭找地方吞錢去了，誰還來管你什麼隆慶開海、中國銀泵？老子的錢袋子才是銀泵。不過明世宗先將海瑞投入死牢，再讓明穆宗放出來，倒未必是有這麼長遠的目光。事實

上，明世宗如此煞費苦心地重用海瑞還有一個不可告人的祕密，這事只有海瑞來做效果最好，那就是打擊徐階的貪腐行為。

徐階剷除嚴嵩奸黨，匡救了很多被害的忠良，政治上也頗有建樹，稱得上一代名相。但徐階也有一定的貪腐行跡，其實明世宗也很看不慣。但考慮到徐階剛剛剷除了嚴氏奸黨，功勞卓著，又怎好意思立刻打擊他？即將登基的明穆宗就更沒有底氣去動徐階這位前朝元老了。至於朝臣，徐階一直致力於匡救被嚴嵩迫害的朝臣，活下來的大多對徐階感恩戴德。

最可怕是御史言官這個群體，他們本應該是匡扶正義的主力，但大多遭嚴嵩打擊，正是徐階救了他們，就更別指望他們去主動攻擊徐階了。想來想去，只有一個人合適，就是海瑞。其實海瑞也不是沒被徐階救過，上《治安疏》後海瑞被論死，徐階出了很大的力去救。當然也有不少人認為徐階這是故作姿態，知道海瑞此疏必能名垂青史，所以故意救一救，為自己博取清譽。但無論如何，他是認真救過海瑞的。但也只有海瑞，管你是誰，有不良行徑暴露在我面前都不會手軟！

明穆宗隆慶二年（西元 1568 年），徐階以少師、柱國、吏部尚書、建極殿大學士（嘉靖三十六年火災，奉天、華蓋、謹身三殿被燒毀，重建後更名為皇極、中極、建極三

殿，相應的大學士頭銜也隨之更名）退休。徐階本也不算大清官，回到松江（今上海市）老家，更是過上了享樂奢靡的生活。徐階的家族非常興旺，其弟徐陟也是進士，官至南京刑部侍郎。徐階有三個兒子：徐璠、徐琨、徐瑛，雖然都沒考中進士，但以蔭官出身，分別官至太常卿、尚寶卿，徐階退休後也都掛著虛銜回家奉養父母。

徐階家族在松江大肆兼併田產，據說最高達到二十四萬畝，是嚴嵩的十幾倍！這些田產有一些是合法購買的，但也有不少是強奪民產。而且徐家仗著勢力，在松江強買強賣，欺行霸市的勾當也做了不少，漸漸成了松江一大土豪惡霸，甚至一些小土豪都被徐家逼得遠走他鄉。至於地方官，也都被徐家欺負得抬不起頭來。尤其是徐家少公子徐瑛，年輕驕縱，只要他出行，江南的士大夫都得盡心款待，稍不如意就要遭徐瑛折辱打罵，苦不堪言。

面對徐家種種霸行，朝廷就沒點反應？當然有，大明到了穆宗朝，早已是法治社會，朝廷是這樣做的：

當朝首相李春芳在他的一部名著中寫了一個非常精彩的故事：有一位老幹部年幼的私生子在民間為非作歹，魚肉百姓，地方小官都必須盡心款待，稍不如意就要遭私生子折辱打罵，苦不堪言。這時一位天不怕地不怕的大英雄從詔獄裡放了出來，他雖然與老幹部恩深義重，但正義在胸中，還是踏著五彩祥雲，一路斬妖除魔，來到這個水深火熱的地

6.6 海瑞上疏，剛峰一柱

方，聯合另一位近臣收伏了這個小魔頭，一方官民無不拍手稱快。

坦誠地講，李春芳能做的就只有這麼多了，而且他這部名著就是《西遊記》（也有一些考證認為是吳承恩所著），這麼正義一個故事還要精心偽裝成：太上老君年幼的私生子紅孩兒在人間為非作歹，魚肉百姓，山神土地都必須盡心款待，稍不如意就要遭紅孩兒折辱打罵，苦不堪言。這時一位天不怕地不怕的孫悟空從五行山下放了出來，他雖然與太上老君恩深義重，但正義在胸中，還是踏著五彩祥雲，一路斬妖除魔，來到號山枯松澗火雲洞，聯合觀音菩薩收伏了這個小魔頭，一方人神無不拍手稱快。

沒錯，徐家這種情況連當朝首相也只能用這種方式來「對抗」，就更別指望地方官保護百姓不受紅孩兒——對不起我是說徐公子欺凌了——他們自己還被壓得喘不過氣來呢。萬幸這個故事中的孫悟空是有原型的，就是我們的海瑞。海瑞上任應天巡撫，一大舉措便是力摧豪強，匡扶貧弱，將很多富戶強奪的民田奪還。那麼面對徐家這個大土豪，海瑞會怎麼做呢？本來徐家判斷海瑞不會對他們下手，因為徐階對海瑞恩深義重，而且海瑞剛出獄時也確實幫過徐階。當時排名第四的大學士高拱急於奪權，指使御史齊康彈劾徐階。海瑞立即站出來保護徐階，說徐階誠然畏威保位，失於匡扶救世，但執政以來還是有很多可取之處，齊康完全就是高拱的

095

鷹犬,他們才應該受到懲處。

結果高拱反而被罷免,徐家上下都興奮異常,認定這是徐階當時力救海瑞獲得的回報。但他們顯然還不夠了解海瑞,海瑞這樣做完全是出於一片公心,並不表示他就成了徐階的人,徐階有問題時他照樣會毫不手軟地猛攻。一個清正廉明的人,對事不對人,作奸犯科就要打擊,無論你是誰。只有貪官汙吏才會對人不對事,認為「自己人」就應該毫無原則的包庇。

海瑞強硬奪回徐家霸占的民田,還準備上奏朝廷彈劾徐階。徐階大怒,指使親近他的御史言官阻斷海瑞彈劾他的言路,甚至反攻海瑞。但海瑞繞開了所有的御史言官,透過鎮守太監直接向皇帝彙報了徐階家族的過錯。最終,朝廷判處徐璠、徐琨流放充軍,僅留幼子徐瑛在家奉養年邁的徐階(後世一些戲曲文藝作品稱海瑞當場斬了徐瑛,僅係文學演義),懲處不算特別重,但也解了一方之急,吏民交口稱頌。不過解決了這個大問題,海瑞在江南的任務也就算完成了,很快被朝廷改任督南京糧儲。海瑞離任時,百姓們「號泣載道」,家家戶戶繪像祭祀,宛如《西遊記》中,山神土地們頭頂齋飯送孫悟空取經上路時一樣的場景。

海瑞一生剛直,得罪了不少權臣。李春芳還算個善人,其後的首相高拱就是個厲害角色了。高拱很討厭海瑞,將督南京糧儲的職能併入南京戶部,撤銷這個職務。海瑞一怒之

6.6 海瑞上疏，剛峰一柱

下，稱病辭職回家。在家賦閒數年後，張居正接任首相，比高拱更狠，而且高拱還只是貪權，張居正就是全面貪腐了，他有點擔心海瑞會礙事，令巡按御史去海瑞家找碴，想查他點問題出來。海瑞坦然面對，以粗茶淡飯款待御史。御史再看看海瑞家裡簡陋的裝潢，知道他是個名不虛傳的大清官，不可能查出什麼問題來，唯有嘆息而去。張居正聽了愈發忌憚這個剛直的名臣，儘管很多人推薦海瑞復官，他都牢牢壓住。

直到張居正死後兩年，吏部才向明神宗（朱翊鈞，年號萬曆）上奏了海瑞的情況，復為左通政使，第二年又召為南京右僉都御史、南京吏部右侍郎。重獲重用的海瑞非常感動，不過他已屆古稀之年，無力再做更多貢獻，唯有尋思在垂死之際「屍諫」一次，向明神宗進言，大意是說明神宗以待士有禮為名，優待官員，其實是君臣一體，壓榨百姓。現在貪官遍地，應該恢復太祖剝皮囊草的酷刑，以洪武三十年（西元 1397 年）頒布的律法，貪贓 80 貫即判死刑。

人之將死，其言也善，何況是海瑞。其實他的政見非常質樸，就是以嚴刑峻法約束官僚隊伍。從嚴治吏，這個道理很簡單，也不是海瑞的發明，他只不過提倡恢復到太祖朝的常態而已。然而，慢性病早已蔓延到了大明帝國的全身肌體，又豈能一日盡復初生時的健康體態，無論是皇帝還是官吏們都認為海瑞是在說瘋話，甚至有御史又因此彈劾海瑞。

其實明神宗還是很欣賞海瑞這種忠直，屢次想繼續重用，但宰相天官們都極力阻撓，最終各讓一步，詔海瑞任南京右都御史。當時的風氣已經非常敗壞，都察院這個本應最具戰鬥力的衙門，現在卻變成遊樂嬉戲的場所，很多御史在院裡賞戲曲作樂。其實明太祖曾有過明確規定，法司不是唱歌作樂地，但兩百年過去，這條禁令早就無人遵從，唯獨海瑞要較真，準備杖責這些「違規」的御史。這種為官之道把南京官員們嚇得不輕，南京各大御史、給事中紛紛上章彈劾海瑞。儘管明神宗清楚這些官僚的小心思，一直勉勵海瑞不要為之所動，但海瑞的內心是清楚的，大明的病體已經不是他能挽救，留下真的再無益處。於是海瑞屢次上疏請求退休，明神宗一直不批准。

萬曆十五年（西元1587年），73歲的海瑞死於南京右都御史任上。海瑞的妻妾、子女均早亡，朝廷派僉都御史王用汲主持喪事。王用汲見海瑞家都是些破舊的家具，有些甚至是連寒士都不堪用的，不由得當場泣下，募捐為其舉辦了喪事。海瑞的靈柩由南京順長江出海，運往海南。百姓自發罷市，披麻戴孝夾在長江兩岸為海瑞酹酒號哭，百里不絕。

海瑞曾表達過他的理想，就是皇帝能夠勵精圖治，名列聖君的行列，好讓他也能比肩一些古代名臣。其實他的這個訴求很正當，他實現的手段也很尋常，他難道不是一個相當正常的儒家士大夫嗎？但奇怪的是，當時和後世都有不少人

將海瑞妖魔化成了一個不合時宜的怪物，儘管個人道德無虧，但卻與時代格格不入。其實，哪裡又是海瑞不合時宜，分明就是「時宜」腐化墮落，只剩下他還在堅持原則罷了。海瑞提出要以太祖朝的法規來要求官僚，居然被視為怪誕行為。一個提出遵紀守法如此基本、如此正當要求，便遭到冷嘲熱諷的時代，那就真的離全社會撕裂崩潰不遠了。

對於海瑞本人，萬幸的是，是非功過自有後人評說，海瑞依然在歷史上與張湯、魏徵、包拯比肩，同被冠以「青天」的美譽。而且張湯、魏徵、包拯都處於各自王朝的上升期，乃錦上添花之意，海瑞卻生在大明的末世，在陰冷晦暗的黑幕下，這座峭直的剛峰更顯孤傲冷峻。海瑞這種忠貞剛直、捨身為國、勇於觸犯權威的秉性，更成為中華民族最寶貴的精神遺產，深刻融入到這個偉大民族的精神特質之中。

6 裂痕：慢性病的花樣病灶

7

明非亡於崇禎，實亡於萬曆

7 明非亡於崇禎，實亡於萬曆

世宗朝雖有大禮議、花式腐敗，但似乎鎮住了太監貪腐這個症狀。然而徐階身後，高拱、張居正紛紛找太監結盟，徐有貞、曹吉祥的模式重現朝堂，而且這一次還不是壟斷市場，而是兩組對壘。

張居正，這位名垂青史的大改革家，也有和太監勾結，極盡奢靡享樂的一面。他更是唐宋八百年來都罕見的大權臣，享盡了超規格富貴，禮法、規制在他面前更若無物。但張居正死後卻難逃殘暴的政治清算，他暴露出來的貪腐問題也令人瞠目結舌。他的身後更是一片全面腐朽的末世景象，直讓人懷疑他的改革到底有什麼成效。歷史，給了他一個很難面對的評價──「明非亡於崇禎，實亡於萬曆。」世人對張居正的崇拜，恐怕更多的是一種不健康的權力崇拜。

礦稅太監碰上大航海時代，所謂的資本主義萌芽，難道真的是新芽只在腐朽的土地中萌發？但一個撕裂的社會，如何帶領龐大的帝國走過這道歷史關口？

7.1 文官召喚太監

有一個取笑太監的段子，說有個人去講笑話給太監聽，說：「從前有個太監。」然後就不說話了，太監等了半天忍不住問：「太監下面呢？」那人答道：「太監下面沒有了。」這

個「下面」是一個很齷齪的雙關語，專門用來取笑「下面」沒有了的太監，後來我們把做事半途而廢也稱作「太監」。明世宗一朝，政治晦暗，鬥爭劇烈，唯一勉強值得一提的是太監沒有作亂。武宗朝劉瑾閹黨之禍酷烈，還好下面沒有了。然而這種壓制也只能是暫時的，太監制度沒有改變，太監無限接近最高皇權的現實情況沒有改變，所以太監亂政的制度根源毫髮未損，只是因為武宗朝閹黨之禍太烈，明世宗為之少殺，刻意避免了宦官參政而已。這種人為的一時壓制必不能長久，病症一旦復發，則更難抵禦。因為復發就說明免疫系統已經失效，這就是一些本來惡性程度不高的病，比如乳腺癌，如果實施切除後不復發則無恙，一旦復發就會致命的道理。貪腐這個帝國的慢性病，更彰其理。

當然，閹黨的重新崛起，也少不了一個長期的恢復過程，這幾乎耗費了穆宗、神宗兩朝半個多世紀的漫長時光，但貪腐這個慢性病最不缺的就是耐心。事實上，這一次復發，契機在於一些文官的爭權奪利，他們發現拉攏太監是爭勝廟堂的不二法門，其實這也可以說是徐有貞和曹吉祥的老套路。只不過徐有貞和曹吉祥的組合在當時沒有競爭對手，這一次高拱和陳洪、張居正和馮保，兩對組合展開了激烈廝殺。

明穆宗隆慶元年（西元 1567 年），大明王朝翻開了嶄新的一頁。此時內閣由徐階領銜，其後還有李春芳、郭樸、

高拱、陳以勤、張居正等五位閣臣。這其中，李春芳、郭樸是著名的「青詞宰相」，明世宗駕崩後便尋思退路，並不戀棧。明穆宗登基兩個月，郭樸便以少傅兼太子太傅、吏部尚書、武英殿大學士退休。李春芳則在隆慶二年徐階退休後被硬推為首相，但年年上表請辭，終於在隆慶五年（西元 1571 年）以三殿更名後首位中極殿大學士（實質上就是以前的華蓋殿大學士）頭銜退休，揣著大家的黑材料回家寫《西遊記》去了。

高拱、陳以勤、張居正都是明穆宗當裕王時的講師，很有雄心，所以競爭態勢激烈。高拱拉攏了排名最後的張居正，排擠陳以勤，迫使其在隆慶四年（西元 1570 年）以少傅兼太子太師、禮部尚書、文淵閣大學士退休。隆慶五年李春芳主動請辭後，雄心勃勃的高拱終於攀上了權力的巔峰，成為大明帝國的首席輔政大學士，拉開了波瀾壯闊的「隆萬大改革」序幕。隆慶六年（西元 1572 年），高拱正名為少師兼太子太師、柱國、吏部尚書、中極殿大學士。

高拱很年輕就表現出極高才華，嚴嵩、徐階相繼執政，都知道此人將來必能當國，都向明世宗力薦。高拱自身心氣也很高，以國士自居。在他眼裡，嚴嵩自不必說，徐階這個「甘草閣老」猜想也不是很看得起，至於李春芳這種「青詞宰相」，你還是趕緊回家去編御馬監孫悟空的故事，這邊的司禮監、御馬監就都交給我了。從學術思想上來說，徐階、李

春芳以及隆慶三年（西元 1569 年）入閣的趙貞吉都是著名的「心學」門人，與程朱理學、陸九淵、王陽明一脈相承，而高拱、張居正則以商鞅、申不害、韓非子的法家傳人自居，銳意革新，所以他們也很自然地分為兩個陣營，暗中角力。

高拱甫一入閣就迫不及待地向徐階發起猛攻，反對他的一切做法，甚至唆使御史齊康彈劾徐階。不料徐階救過不少被嚴嵩迫害的御史言官，這其中還包括齊天大聖海瑞，剛入閣的高拱豈是對手，反被徐階一方猛攻，只入閣幾個月就被迫主動請辭，兩年後才被召回。不過這種仕途起落似乎並沒有磨平高拱的稜角，他依然非常強硬地以戰鬥姿態對待身邊的同僚，直到位居首相。

高拱自隆慶五年（西元 1571 年）五月位居首相，次年六月被罷免，執掌內閣只有一年餘，但堪稱成效卓著。首先是充分利用俺答汗的孫子把漢那吉來降的機會，力排眾議接受了他的投降，並與俺答汗充分溝通，化干戈為玉帛，接受了俺答等許多韃靼部落的朝貢，扭轉了自武宗朝以來數十年來的北方邊境惡劣形勢。

當時朝臣大多擔心接受叛逃的把漢那吉會激怒韃靼，反對受降，正是高拱力排眾議，正確處理了這場外交危機，反而大大改良了局勢。之後蒙古再也沒有大舉入侵中原，高拱可謂居功至偉。其次則是力推著名的「一條鞭法」，將各種形式的納稅方式如糧食、布匹、勞役全部折算成銀兩徵收，

簡化了稅制，擠壓了稅吏的尋租空間，相當程度上強化了財力，明朝的國庫收入水準，正是在高拱執政後的十餘年間，從兩百餘萬兩數量級倍增至四百餘萬兩數量級。此外，高拱還有不少改革措施，被後世認為是「隆萬大改革（隆慶、萬曆）」的最初發起者。

不過高拱最大的問題還是為人過於高傲，當了首相更是頤指氣使，很多同僚都不堪忍受，甚至發生過一次與武英殿大學士殷士儋在文淵閣鬥毆的情況！但有一個人很有心計，這個人就是張居正。張居正極為恭謹地服從高拱，可謂言聽計從，面對高拱的頤指氣使也盡量表現得很謙卑，所以高拱見次相如此恭敬，便一直以為大家都很服自己，更加放鬆警惕。高拱還主動干涉內廷事務，隆慶初年司禮監掌印太監出缺，本來馮保身兼司禮監秉筆太監、提督東廠、兼管御馬監等多個要職，理應頂上。但高拱覺得此人狡點，反對明穆宗任命其為大公公，而推薦了與自己相好的御用監太監陳洪。後來陳洪罷免，馮保以為這下總該輪到自己了，結果高拱又推薦了尚膳監太監孟衝。尚膳監太監的地位在內廷排不進前五，孟衝這是大幅超車。馮保知道是高拱運作的，恨得咬牙切齒。張居正覺得這樣一來馮保可以為我所用，於是找到馮保，結為緊密同盟，暗中策劃如何鬥倒高拱，好讓張居正當上首相，馮保當上大公公。

明穆宗身體很差，隆慶六年（西元 1572 年）六月，年僅

7.1 文官召喚太監

35歲的明穆宗大駕將行,在病榻前託孤於大學士高拱、張居正、高儀,駕崩。年僅9歲的皇太子朱翊鈞繼位,史稱明神宗,年號萬曆。明穆宗的託孤遺詔本來是以三位大學士為顧命大臣,並未提及太監,但一些太監卻修改了遺詔,把馮保任命為司禮監掌印太監,並把他也加入顧命大臣之列。遺詔一經頒布,高拱見遺詔與先帝臨崩時託付給自己的內容不符,大為光火,怒斥太監弄權亂政,並立即向剛剛即位的明神宗上疏,要求懲處弄權的太監,順便奏請奪除司禮監的一些權力,還給內閣。高拱知道弄權的太監主要是馮保,召集吏科都給事中雒遵、禮科都給事中陸樹德、工科都給事中程文聯名上疏攻擊馮保,然後自己代皇帝擬旨驅逐馮保。此事需要透過內閣,所以高拱事先和張居正進行了商議。張居正不露聲色,假裝答應,私下卻告訴了馮保。向太監告密,這不是焦芳乾的事嗎?馮保大驚,連忙求張居正相救。張居正不慌不忙,教馮保去找明神宗生母李氏。

馮保找到李氏,才發現原來張居正早就安排好了,李氏也早就和張居正結盟。李氏當時也處於一個微妙期,她不是明穆宗皇后,只是皇貴妃,按禮法不應該成為皇太后,最多尊為本生母帝太后。然而明憲宗生母周貴妃違背禮法與錢太后並尊為皇太后,已經開了先例,「大禮議」更是把最高層撕裂得支離破碎,現在只要有皇帝、大學士、司禮監掌印太監齊心協力,不難把她捧為皇太后。

明神宗是她親兒子，年齡才九歲，當然不在話下，大學士張居正已經明確結盟，現在三缺一，就差您馮太監啦！於是李貴妃、張居正、馮保形成了新一代的強力三人團。事實上還有武將戚繼光也算是這個聯盟的外圍，但明末武將的地位比石亨的時代更低，戚繼光的能量比當時的石亨差得遠，就不算在核心團隊中了。三人團的動作首先是馮保從明神宗小朋友處取旨，尊明穆宗皇后陳氏為仁聖皇太后，明穆宗貴妃李氏為慈聖皇太后，分住慈慶宮、慈寧宮。張居正又提出，皇帝年幼，需要親媽照顧，於是讓李太后移居乾清宮，與皇帝同住，實際上就是把持住了皇帝。再加上負責皇帝和外界溝通的司禮監掌印太監馮保和內閣大學士張居正，三人團實際上已經把持了大明帝國的最高層政治，他們現在唯一的眼中釘就是高拱了。

　　高拱作為首相，一開始完全被矇在鼓裡，而以他直言直語的性格，太后和太監肯定是不喜歡的，張居正抓住這一點大做文章。明穆宗駕崩時，高拱痛哭流涕中說過一句話：「十歲太子，如何治天下！」很多人都聽到了。張居正巧妙地將其改為「十歲孩子，如何作人主？」讓馮保告訴太后。果然兩宮太后聽了都大吃一驚，忙問左右是不是真的，左右紛紛回答好像是聽到高閣老這樣說了。

　　兩宮太后震驚得無以復加，連太子本人都被嚇得面無人色，以為自己這個皇帝當不成了。馮保趁機又拿出張居正精

心炮製的高拱罪名，包括擅權用事、廣結門生、貪汙受賄等等，這些罪名放在平時不足以扳倒一位首相，但現在兩宮太后就哭著喊著一定要弄死這個壞老頭！第二天，太后召群臣入內，高拱其實也準備好了驅逐馮保的一整套方案，連驅逐馮保的御詔都已經代皇帝擬好，就等進宮來讓明神宗宣詔了，所以非常急迫地趕進宮。結果高拱一進來還沒開口，李太后就一個當頭棒喝，說你高拱罪大惡極！陳太后其實想先問清楚情況，但李太后也早已和張居正排練妥當，一直帶著節奏走，痛斥高拱，旁人根本連插嘴的機會都沒有。最後，李太后正式宣詔，免除高拱一切職務。高拱從頭到尾連辯解的話都沒說上一句，伏倒在地不能起。張居正還來裝好人，把高拱扶起來，一直攙出門，用騾車送出宣武門——他不親自攙出去不放心啊，萬一高拱辯解幾句說不定就前功盡棄了呢！攙出去之後張居正又和高儀一起奏請留下高拱（那當時你怎麼不說話？），李太后當然不許。張居正又請用官車送高拱回家，這回李太后許了，可能是送他走快點的意思。

　　高拱被逐後，張居正理所當然當上了首相，他的目的已經達到了，但馮保猶不解恨。馮保又策劃了一個王大臣刺殺明神宗的無頭公案，想徹底搞死高拱。

　　萬曆元年（西元 1573 年）正月一天清晨，明神宗御駕出乾清門，路中突然出現一名身穿御馬監宦官服飾的神祕男子！當時霧很大，此人都已經到了駕前，御前禁衛才發現，

慌忙拿下。結果一搜身，此人身上果然藏有刀刃，險些形成了刺君！禁衛對其進行審訊，此人供稱名叫王大臣，是原隸左都督戚繼光麾下的逃兵，從大同邊關逃至京師。請注意，他不是一位姓王的大臣，而是姓王名大臣。您說這是個真名字嗎？顯然就是到最後連真實姓名都沒審出來。至於他為何穿著宦官服飾，如何走到乾清門卻無人發現，身藏刀刃奔向皇帝意欲何為，背後是否有人指使，禁衛系統審了半天也沒個頭緒，於是明神宗下詔改由東廠負責審理。當時馮保還沒有免去提督東廠的兼差，所以就是他來審，在詔獄中日夜拷打王大臣，最後逼他形成了這樣一封供狀：高拱因為被逐，怨恨明神宗，所以找了王大臣來行刺，那套宦官服飾就是高拱提供的，至於一路上的禁衛都被高拱安排撤掉了，王大臣才能毫無阻滯地走到明神宗面前。

　　東廠只是內部審訊，根據司法方式，還需把審訊結果提交給錦衣衛北鎮撫司，繼而提交給法司才能問罪。結果王大臣的供狀提交給錦衣衛就卡住了，錦衣都督朱希孝指出王大臣的供狀完全說不通，尤其是高拱清空禁衛之說實在不符合邏輯。莫說高拱已經被逐，就算是在職的首相，也管不了內宮禁衛，乾清門附近出事，你們太監恐怕責任更大！朱希孝傳喚馮保和王大臣當面對質，馮保堅稱是高拱勾結陳洪、孟衝等太監清空了禁衛，替王大臣製造了接近御駕的條件。

　　這時王大臣也終於明白過來，自己已經被置於死地，當

場翻供，對馮保大呼：「你不是許諾我富貴嗎？怎麼又把我抓起來治罪？我一個人渣，到哪兒去認識什麼高閣老？」這等於是反而把馮保供出來了。此事一傳出來，滿朝皆知。少師兼太子太師、吏部尚書楊博（代表行政系統），太子少保、左都御史葛守禮（代表監察系統）出面質詢此事。張居正也迫於輿論壓力，告誡馮保適當收斂。最後王大臣被匆匆移送法司，以行刺皇帝罪名判處死刑結案，不等秋後處斬，立即執行，沒有牽連任何人。

此案確實疑點重重，最終的判決有殺人滅口的嫌疑，成了歷史上的一樁懸案。王大臣能夠得到一套正規的御馬監官服，從紫禁城外走到乾清門無人阻攔，最終準確地捕捉到明神宗御駕，這不可能沒有經過精心策劃。馮保藉此案追殺高拱應該沒什麼疑問，王大臣只是他的一枚棋子，但高拱恐怕也不能說毫無關係，不然以他的作風豈能不趁機反殺馮保？大諷刺家李春芳當然不會放過這麼好的素材，他的名著本以古代平話故事為原型，但最精彩的一段恰恰是其原創，這一段他寫太上老君故意從八卦爐中，放出一個御馬監小太監去衝擊玉皇大帝，從兜率宮打到凌霄殿，一路上沒有任何人阻攔，王靈官率雷部眾神將其圍定，但就是不拿下。最後玉帝宣如來佛祖來解決，御馬監小太監當眾叫嚷，差點把佛祖的妙計說破，佛祖匆匆將其壓倒在五行山下，結案。

張居正在歷史上享有盛譽，但他奪權的過程並不光彩，

完全是和後宮勾結戕害同僚，從而實現自己的上位。他勾結太監馮保、李太后，和之前某些人勾結曹吉祥、萬貴妃並沒有本質區別，甚至有一些傳聞稱他和李太后之間還有姦情。本來世宗朝宦官後宮人員基本退出政治舞臺，張居正為了獲得他們的支持，向馮保、李太后輸送了很多利益，使他們又重新站到了一線。

7.2　權傾八百年

張居正，被許多後人譽為偉大的政治家、改革家，常與古代改革家比肩，後人尤愛將其與宋代名相王安石相提並論。他們確實在生前都成就了一世偉業，更留下了許多政治改革方面的理論為後世所推崇。然而，他們又都有一個共同的尷尬難以面對——王安石死後四十年就是靖康之難，張居正死後六十年也是清軍入關。當然，判定一個改革家的是非功過有很多因素，但無論如何，一場重大改革後短短數十年，整個王朝就覆滅了，我們很難把這場改革稱作成功。更要命的是，無論改革成敗，王安石個人都以道德楷模著稱，甚至堪稱有道德上的潔癖，這一點他終究是受人尊重的。張居正在這方面則恰恰相反，他的私德堪稱敗壞無度，而且是個絕對的大貪官，他的崇拜者只能以「瑕不掩瑜」之類的說辭

來為他洗地。

張居正和王安石有諸多相似之處，比如他們都是神宗朝首相，都遇到兩宮太后，都因主持了一場重大改革而名垂青史。但除卻這些表面巧合，他們倆的實質差距還是挺大的。從職務上來說，他們都是首相，但具體環境卻大不相同。王安石是得到宋神宗（趙頊）的青睞，由地方官召為宰執，初為參知政事（副相），第二年升為尚書右僕射兼中書侍郎、同中書門下平章事（次相），第三年才授尚書左僕射兼門下侍郎、同中書門下平章事（首相）。

張居正卻是三朝元老，世宗朝進士，穆宗朝宰相，神宗剛剛登基，他已為首相，而且還是穆宗、神宗兩朝帝師。王安石雖深得宋神宗信任，但宋神宗畢竟是二十多歲的成年人，而且頗有主見，明神宗卻是個十歲的娃娃，一切都聽張先生教誨。更重要的是，王安石雖位居首相，但身邊不乏富弼、韓琦、歐陽脩、文彥博、呂公著、司馬光等名臣，新進的蘇軾等名士也並不贊同王安石的政見，後來形成嚴重的「新舊黨爭」。反觀張居正，徐階鬥倒嚴嵩，高拱擠走徐階，他再驅逐高拱，幾場大戰下來，大明官場元老盡去，絕無人能制約如日中天的張居正。

高拱、張居正、高儀三人同受穆宗顧命，但高拱被逐，巧的是就在同一個月，高儀也病卒，內閣竟只剩下張居正一人。雖然不久禮部尚書呂調陽拜文淵閣大學士，但他顯然也

是受張居正舉薦，由李太后同意，馮保加蓋御印宣旨入閣的，非常服從張居正，不會添麻煩。萬曆三年（西元 1575 年），吏部左侍郎張四維拜禮部尚書兼東閣大學士。萬曆六年（西元 1578 年）二月，少傅、吏部尚書、建極殿大學士呂調陽退休。三月，外廷廷推了兩位大學士入閣。一位是原太子少保、禮部尚書馬自強，入為太子太保、禮部尚書、文淵閣大學士，十月就病卒。另一位是原吏部右侍郎申時行，入為吏部左侍郎兼東閣大學士。

我們很容易看出張居正時代內閣成員組成的特徵。首先是人少，閣員按理應有七員，但張居正時代一般只有兩三員。無非是陪襯一下張居正，免得他獨相，要那麼多人做什麼？其次則是年齡要麼特別老，要麼特別年輕。老的入閣不到一年就要退休甚至病死，年輕的如申時行，入閣前都還只是右侍郎，即便入閣，本官都只能用左侍郎，這在明朝中後期內閣制度成熟後是非常罕見的。所以，張居正穩穩地掌控了內閣，再加上李太后和馮保在內宮的助力，大明王朝在萬曆前十年（西元 1573 至 1582 年）形成了一套不同以往的行政機制。現在要決策一件事情，張居正先在內閣草擬詔旨，交給司禮監掌印太監馮保，馮保交給李太后，李太后同意後馮保加蓋御印，發還給內閣，張居正在內閣製成正式的御詔發出執行。

那皇帝呢？完全消失了？那也不至於，但明神宗還處在

小學生年齡層，那一個小學生如何決策重大事項？無非就是聽三個人的：媽媽、老師、保母，那不就是李太后、張居正、馮保三人嗎？而且這三個人教育小學生都以嚴厲著稱。

單親媽媽李太后是典型的望子成龍（其實已經坐上龍椅了），明神宗 16 歲結婚後李太后便移回慈寧宮居住，但只要上朝或讀書的日子，李太后五更（約凌晨 4：48）就會來到乾清宮叫醒明神宗，親自看著他盥洗，然後領著他乘車去上朝或者讀書。明神宗工作學習時李太后一直在皇極殿或者翰林院門口守候，下班或放學一出來立即領上原車載回乾清宮，全天無縫連結，小學生絕對找不到機會溜出去泡網咖。這其實和隋文帝文獻皇后（獨孤伽羅）管教隋文帝（楊堅）有點類似，但單親媽媽管小學生可就比妻子管丈夫嚴厲多了。

最可怕的是每天明神宗去讀了書，李太后都會要求他複述，一旦複述得不清楚就要罰跪。明神宗結婚後，李太后還是留了不少親信太監在他身邊，一旦做錯什麼事立即報告，李太后輕則召明神宗到慈寧宮罰跪，重則還要傳諭張居正，讓他上疏切責，然後讓明神宗擬罪己詔，不但在外廷宣讀謝罪，還要在內宮一邊罰跪一邊念罪己詔，經常被弄得痛哭流涕。這可能勾起某些讀者朋友不太愉快的童年回憶，就不深入講了。

張居正也堪稱一代嚴師，明穆宗為裕王時，張居正就是翰林編修兼太子右中允，負責裕王府的教學，深受明穆宗敬

重,現在以中極殿大學士親自兼明神宗教師,又受家長重託,更以嚴厲著稱。有時候明神宗頑皮,李太后和馮保都無法管教,便嚇唬他:「你再不聽話就告訴張先生!」明神宗立即嚇得閉嘴立正。從教育成果來說,張居正也無愧為一代名師,明神宗的文化素養非常高,從他傳世的一些作品來看,文才極高,尤其書法上乘,在明帝中僅次於明宣宗。

但明宣宗是天賦異稟,明神宗才是普通人的極限,完全是勤學苦練的結果,這更顯示出所受教育的優質嚴格。馮保則扮演了另一個角色,一面與明神宗玩耍嬉戲,一面也比較嚴格。明神宗有時在後宮和小太監頑皮打鬧,一聽到馮保的腳步聲就緊張地說:「大伴來矣!」並立即恢復正襟危坐的姿態。其實馮保對待年幼的明神宗,一個動作一個眼神,都是和李太后、張居正謹慎研究過的。這三個人交織了一張嚴密的大網,將明神宗牢牢網住,也將中華帝國的最高皇權牢牢網住。

文武百官雖然知道三人團挾天子以令諸侯,但也沒辦法,只好把三人團當做皇帝來侍奉。事實上,真正的明朝皇帝還沒有三人團這麼大的權力。明朝的權力制衡設計得極為複雜,沒有人能做到真正的獨裁專制,若論誰相對獨裁程度更大一些,縱覽明朝歷史,恐怕就得數張居正了。張居正一人獨攬大權的程度,更在太祖太宗之上。因為就算是太祖太宗,來自外廷的制約總是存在的,由於明朝皇帝不能隨意任

免閣臣，所以宰相併不是那麼貼心，皇帝批紅和內閣票擬的權力經常表現為對立。

大量的御史言官則都是初入仕途的進士，更是經常毫不留情地頂撞甚至封還皇帝御詔，展現出行政權力和輿論監督的強力制衡。現在李太后和馮保把持內宮，完全代表皇帝，但他們不精於政事，在行政上完全託付於張居正，張居正又完全把持內閣，所以在明朝歷史上第一次做到了皇權和相權的高度統一。張居正還在相當程度上掌控了輿論和監督，他三朝歷仕翰林院、國子監、文淵閣，門生故吏遍布學術輿論重地，稍有對他不滿的聲音，很快就會被淹沒在更大的反對聲中。

張居正的個性其實和高拱一樣，都是持才倨傲的類型，區別在於高拱不加掩飾，張居正可能是汲取了他的教訓，顯得更有城府。但徐階、李春芳都以折節禮士著稱，他們在閣時對待下級非常謙遜，唯獨新進排名最後的大學士張居正以宰相自居，對待九卿非常高傲。但張居正也絕不像高拱那樣直言不諱，而是「倨見九卿，無以延納，間出一語則輒中肯，人以是嚴憚之，重於他相。」意思是每次議事時對待公卿大臣都非常高傲，別人發言時不搭腔，突然出一句就切中要害，於是別人非常忌憚，害怕他超過了其他宰相。

有意思的是，《宋史》中也有一句如此評價一個人：「同列論事上前，未嘗力辨，但以一二語傾擠之。」遺憾的是，

此句並非出自他的改革家朋友王安石的傳記,而是《宋史‧奸臣‧秦檜傳》。民間有一句俗語「天上九頭鳥,地上湖北佬」形容湖北人精明凶悍,這話最初其實是專指張居正這一個湖北人的,後來演變成對所有湖北人的戲稱。其實我一直覺得湖北人挺誠實的,就因為出了張居正這麼一個人物,居然把一個省的印象都改變了,可見這個人物得精明到什麼程度!張居正本來就大權在握,這種陰惻深沉的風格更是讓人不寒而慄。御史言官一向是明朝官場上最勇敢的熱血青年,石亨、曹吉祥、劉瑾、嚴嵩都未曾讓這個群體怕過,貪官奸臣們的惡行反而經常激起他們捍衛正義的一腔熱血。然而這一次,似乎連他們都怕了,首相大人那種深不見底的徹骨奇寒,猶如凝聚態下的開爾文黑洞,任你幾腔熱血都能吸進來通通冰封。明朝官場兩百餘年,第一次出現了御史言官集體噤若寒蟬的局面。

種種因素締造了張居正這個明朝歷史上罕見的大獨裁者,打破了大多權力制衡機制,中華帝國自唐宋以來八百年,第一次出現如此高度集權的大廠。那麼一個大獨裁者煞費苦心地攬權,會不會只是為了實現崇高理想,全心全意忠君為民,而絲毫不存半點私心,清正廉明,杜絕貪腐呢?其實歷史上也不乏這種情況,比如諸葛亮、王安石、岳飛(在一定的範圍內有絕對權力),所以也有人把張居正放在他們同列。諸葛亮、王安石、岳飛泉下有知,恐怕會氣得活過

來——張居正的貪腐程度只怕比嚴嵩亦不遑多讓。

張居正入閣不久,就收到一筆重賄,剛剛退休的徐階一口氣送給他三萬兩銀子,目的很明確——徐家準備在松江大肆開撈,當然要先打點一下朝中重臣,好罩著點。徐階和高拱關係不好,所以就找了張居正,結果此事被高拱察覺,聲稱要調查。張居正指天發誓,言辭激烈,於是高拱就算了。此事也堪稱奇特,有貪腐的線索,指天發誓就能算了。

其實從後來徐家的有恃無恐來看,朝中確實是打點到位了的。張居正自己也需要向別人送禮,主要是李太后和馮保。馮保是個太監,最愛金珠美玉,張居正在他身上下了血本,先後送給他黃金三萬兩、白銀二十萬兩、夜明珠九顆、珍珠簾五副。但馮保還不是普通的太監,而是太監中的藝術家,頗有才情,張居正經常為其蒐羅名貴的琴、筆、扇,當然還少不了名家字畫。嚴嵩曾得到一幅假的〈清明上河圖〉,馮保卻得到了真品,現存〈清明上河圖〉上還有馮保的題跋。張居正送給馮保的賄賂中,藝術品這一個板塊的價值就更難估量了。

張居正生活非常奢侈,對人居環境要求極高,他在北京稍微收斂,沒有逾制建房,但他的家鄉荊州府江陵縣(今湖北省荊州市)是遼王駐地(本在遼東廣寧,靖難之役後被太宗遷入內地),張居正看上了他的王府,居然用計構陷第八世遼王朱憲(火節),以至被廢藩,張居正趁機占了遼王府!這當

然不是長久之計,這座王府不久又歸了明神宗第六子惠王朱常潤,但張居正此舉表露了他想在江陵有一座巨宅的心願。很快就有人響應,地方官請張居正私人出錢,在江陵營造一座比遼王府更富麗堂皇的府第,資金不足的部分由地方政府補足。

張居正說怎麼好意思讓你們花那麼多錢,而且這座大宅耗資十萬兩,江陵的財政根本無法負擔嘛,我多出點吧,於是派錦衣衛去幫工,算他出的資。所謂幫工主要就是指幫當地政府把賦稅收上來,好投入到工程中,張閣老的老家一時「鄉郡之膏盡矣」。見江陵縣如此賣力,湖北布政使、巡撫、巡按御史紛紛規劃給張居正建宅。張居正說房子太多我住哪兒?不如折現吧。不是開玩笑,真的是折現,大家把建房成本折成現銀送給了張居正。另外,有了大宅還得有大田,不讓怎麼叫封建地主階級呢?張居正為相十年,兼併了良田八百萬畝,是嚴嵩的幾百倍,而且這還只是他本人名下的,他幾個兒子的還沒算。

既然有人替張居正修大宅,張居正也不忘替他的馮保好兄弟修一個,而且他修的還是一種很特殊的房子——生祠——替活菩薩修的祠堂。其實後世說張居正是改革家,我一直比較疑惑,王安石的改革措施諸如青苗法、均輸法、市易法、免行法等均為他首創,但張居正的所謂改革措施諸如考成法、一條鞭法、清查土地等,都不是他的原創,很多是

隋唐甚至先秦便有的古法，他真正創新發明的就是替太監建生祠，堪稱治承劉瑾，政啟魏忠賢。

除了貪錢，張居正還非常好色。其實張居正的英俊程度尚在張彩之上，有傳聞稱他就是靠驚人的修身俊顏才得到李太后的青睞。其實萬曆元年李太后也才27歲，正值風露年華，兩人情投意合也可以理解。還有一些傳聞稱戚繼光之所以深得張居正支持，就是因為善於向張居正進獻美女和春藥。

其實說到這裡，我們已經看出來了，張居正最像的前人恐怕不是王安石，而是張彩，三人的對比如表2所示。

表2 王安石、張彩、張居正情況對比

特徵值	對象		
	王安石	張彩	張居正
與太監勾結		√	√
向太監告密			√
適當規勸太監		√	√
相貌英俊		√	√
貪財		√	√
好色		√	√
生活奢侈享樂		√	√
死後還被清算		√	√
受皇帝提拔	√		
當政時就受大量攻擊	√	√	

特徵值	對象		
	王安石	張彩	張居正
被罷官又復職	√		
有過地方官經歷	√	√	
創新發明改革措施	√		
官至極品甚至超慣例			√
死後不久王朝覆滅	√		√

怎麼看張居正和張彩之間的共同點也要比王安石多得多呀！甚至王安石和張彩之間的共同點都不比張居正少，因為這兩位都沒混到太師，張居正是明朝唯一一位混到太師的文官。《明史》稱明朝有四位文官官至三公（太師、太傅、太保），但這四位中的前三位居然是李善長、徐達、常遇春，這三位顯然是勳臣，不是文官，張居正就是有明三百年唯一一位官至正一品三公的文官，其餘162位內閣大學士一律從一品少師到頭。連朱壽也只能當威武大將軍過過乾癮，張居正這是正經八百把太師太傅給做了呀！這嚴格地說也是一種破壞政治規矩的做法，已經暗藏了張居正覆滅的引子，而他又作出了一項明朝諱莫如深的破壞規矩行為——科舉舞弊，這不但為張居正本人的覆滅埋下禍根，也將大明王朝推向了快速滅亡之道。

7.3 名垂青史巨權貪

嚴格的科舉制度是明朝最最敏感的一項政治規矩，比誰當皇帝還重要，不管你是誰，只要觸碰了這個問題，必將遭到文官階層最不要命的反撲。而且張居正的思路和前面那些沒文化的太監還不一樣，太監們是苦於自己的爪牙沒文化，想方設法繞過科舉這堵高牆，張居正卻是覺得自己的兒子很有文化，加把力能衝破這堵牆！

張居正共有六子：張敬修、張嗣修、張懋修、張簡修、張允修、張靜修。按制度，張居正家可有一子授錦衣衛，一子授尚寶司，這兩個名額給了張簡修、張允修，其餘則安排參加科舉走仕途。

明神宗萬曆五年（西元 1577 年）丁丑科殿試，23 歲的張居正二公子張嗣修高中榜眼，天下議論紛紛。其實張居正確實做了手腳，當時主考官是太子太保、文淵閣大學士張四維，他已經將張嗣修的卷子判為第二甲第一名，也就是總第四名，這也是當年焦芳之子焦黃中的名次，張四維認為他盡力了。但張居正還不滿足，買通馮保，在判卷結束，內閣呈往皇帝御批的路上，將第一、二名挪到了三、四名，張嗣修躍升至第一甲第二名。

此事當時知情人很少，但已經引起不小的議論，沒想到張居正更加有恃無恐。而且首相這樣做，其餘人怎能不跟

進？三年後張敬修、張懋修參加庚辰科會試，次相張四維之子張泰徵也是同科學考察生。張四維向明神宗請示，為了避嫌，自己就不擔任這一科的考官了。誰知17歲的明神宗反問：「那首輔張先生避嫌了嗎？」張四維回答沒有。明神宗笑道：「人家兩個兒子參考都沒避嫌，你提出避嫌，不是反而讓人家難堪嗎？」張四維猛省差點得罪張居正，嚇出一身冷汗。最後朝廷議定，由內閣排名第三的文淵閣大學士申時行擔任主考官，張居正、張四維助理。考官名單一經公布，很多考生覺得不公正，甚至以退考抗議。張居正拈鬚微笑，毫不在意。

　　果然一發榜，三位公子都通過了會式，進入殿試。殿試最終評卷，大家本來擬定了一個名次，但張居正認為大家先前擬定的第二名卷才應該定為第一，但又說不出理由，大家懷疑這份卷子是他兒子的。皇帝御批後一揭開糊名，果然是張居正的三公子張懋修！其實張懋修這人是很有真才實學的，考中榜眼未必是靠爹，但可能張居正覺得張嗣修已經有一個榜眼了，這次非要爭一個狀元回家。此外，張四維之子張泰徵中第二甲第四名，張居正大公子張敬修中第二甲第十三名。非常值得一提的是，除了三位張公子高中，此科還有一大特色，榜眼蕭良有的弟弟蕭良譽中第二甲第五十六名，探花王庭撰的弟弟王庭諭中第三甲第一百三十五名。三鼎甲都有兄弟同科高中，您說這是巧合嗎？

事實上，在此之前已有呂調陽之子呂興周高中進士，密集的宰相之子高中引起士子們的普遍情緒，智力正常的人都不會相信這其中沒有內情。但張居正一手遮天，整個文士階層竟然都不敢反抗，只能暗中諷喻。很多人將張懋修戲稱為「關節狀元」甚至更難聽的「野鳥為鸞」。有人作了一首詩：

狀元榜眼俱姓張，未必文星照楚邦。

若是相公堅不去，六郎還作探花郎。

可惜的是，萬曆十年（西元1582年），張居正就死了，不然六郎還真的有望在萬曆十一年（西元1583年）癸未科當探花，一門三兄弟包攬三鼎甲，豈不美哉？

張居正自己並不覺得有什麼問題，也許嘲諷他的話傳不到他耳朵裡去。有人送了他一副對聯：「上相太師一德輔三朝功光日月；狀元榜眼二難登兩第學冠天人。」其實我看這是在諷刺他，但他已經看不出來了，欣然將此聯掛於高堂。

不過張居正死後，此風終於被剎住。張四維之子張甲徵、申時行之子申用懋參加了萬曆十一年（西元1583年）癸未科會試，均中式，天下譁然。殿試前，監察御史魏允貞上疏痛陳張居正竊取權柄，大開科場舞弊之風，建議以後乾脆直接規定宰相之子不能參加會試算了。張四維、申時行力辯，並以辭職為威脅力保兒子的殿試資格。最終，明神宗判魏允貞言辭過當，貶為許州（今河南許昌）判官，為其辯護的

戶部員外郎李三才貶為東昌（今山東聊城）推官。

最後殿試放榜，張甲徵、申用懋分別高中第二甲第十一名、第二甲第二十一名。更多的御史言官紛紛上疏切諫，明神宗總算有所省悟，褒獎了這些人，並讓魏允貞、李三才逐漸升回京官。此後，明朝再也沒有出現當朝宰相之子高中進士的情況。十餘年後，沈一貫入閣，其子沈泰鴻才高八斗，是公認的狀元熱門人選，大有當年楊廷和之子楊慎之勢。但沈一貫為了避嫌，勸他不要參加會試，沈泰鴻堅決不做。後來沈一貫想了個辦法，利用宰相可以蔭一子為尚寶丞的制度，直接將沈泰鴻錄為尚寶丞，這樣他就不能再參加會試了，但從此父子反目，終身不再相見，說來都是張居正的遺害。

有人說改革家嘛，就是這樣，勇於打破舊規。但我想打破舊規不是打破舊的公正吧？這個價值觀一定不能亂。張居正恰恰是這樣一個人，大權在握，所以為所欲為。舊的規矩他可以不遵守，他還要立一些新規矩——他自己同樣不會遵守。莫說對一般人，對待皇帝尚且如此。張居正從小嚴厲管教明神宗，成年後亦不改。張居正要求明神宗省吃儉用，停止了很多工程，裁汰了很多外戚恩官。有一次元宵節，明神宗在宮中張燈結綵，演奏音樂，張居正看見了，痛斥他鋪張浪費，不似人君！停止了宮中一切節慶喜樂。其實張居正這種嚴厲管教本身未必是壞事，放在諸葛亮、范仲淹、楊廷和身上都合適，但張居正自身卻異常奢靡腐化，這讓年少的明

神宗看在眼裡,會留下什麼心結?

對待同僚,張居正裁汰公車,使公卿群吏都沒有車馬,他自己卻乘坐三十二抬大轎。本來明朝有很嚴格的「丁憂」制度,即官員的父母去世,要回家守孝三年,孝滿再官復原職。當初楊廷和也是內閣首相,逢父喪立即回家守孝三年,然後回來繼續當首相。萬曆五年(西元1577年),張居正父親過世,但他貪權戀棧,捨不得丟掉宰相寶座回去守孝,於是指示戶部侍郎李幼孜提倡「奪情」。

這本是軍中的一項制度,指將士出征時遇到父母去世,但確實不能離開戰場,所以可在軍中守孝。張居正很有改革精神地把這個辦法移到了內閣,但顯然別人都很難認可。一大堆翰林官站出來表示不可,張居正不聽,讓明神宗出中旨令吏部辦理「奪情」的手續。吏部尚書張瀚本來是張居正突擊提拔的,應該是他的人,但就連張瀚都表示所謂「奪情」實難服人。張瀚又不敢面折張居正,於是推說這種事應該禮部管,將中旨封還。張居正又派人多次勸說,張瀚仍不為所動。張居正又讓明神宗發中旨切責張瀚無人臣禮,這下把很多人都嚇到了,紛紛上章奏請留張居正「奪情」,張瀚還是不動,只是撫胸嘆息:「三綱淪矣!」張居正大怒,指使給事中王道成、御史謝思啟以其他事由彈劾張瀚,勒令其提前退休。更多官員被激怒,紛紛起來反抗,張居正拿出廷杖的武器,把他們打了板子過後再貶謫。

這時有彗星從東南起，長亙天，輿情更加洶湧，指張居正已經觸怒上天，甚至有人在街上貼大字報。明神宗詔諭群臣，再有毀謗張居正的情況，殺無赦！這才漸漸壓制住了輿情。最終，朝廷詔許翰林編修張嗣修、司禮太監魏朝代張居正回鄉奔喪，並派禮部主事曹誥治祭，工部主事徐應徵治喪。至於張居正，自請停俸一年，身穿素服在內閣辦公，在經筵講課，不影響工作。但是第二年，明神宗大婚，張居正守孝未滿就從此改穿吉服，給事中李淶稱這樣不合禮法，張居正大怒，將其貶出京師。現在的張居正，已經到了一點反對意見都聽不進去，甚至基本倫常都無法約束的地步。

不過畢竟是死了爹，張居正還是回家看看，朝廷派尚寶卿、錦衣衛護送。張居正臨走前誡令閣臣，有大事不可做決定，急報江陵，由我來做決定。張居正甚至在江陵處理了馬自強、申時行兩位新閣員入閣的事宜，堪稱行在。明神宗和兩宮皇太后都不斷派出高等級太監一路服侍張居正，凡張居正經過，地方政府都要重修道路，地方官列班相送。

由於朝廷詔諭張居正回家掃一下墓就要趕緊回朝，朝廷離不開您張大人，所以張大人要故意說老母親受不了暑熱，想等天氣轉涼再上路。這一說不得了，內閣、部院寺卿、給事中、御史集體上章，請朝廷催促張大人立即回朝。明神宗遣錦衣衛火速請張閣老先回朝，另遣太監護送太夫人等秋涼走水路回京。張居正這才肯上路，一路上的地方官都要長跪

迎接，巡撫、巡按越過轄區迎送。張居正路過襄陽、南陽，分別是襄王、唐王的駐地。按禮制，哪怕是公侯，見藩王也應該以臣禮，張居正其實還沒有爵位，但以賓主之禮與二王相見。張居正到了京郊，明神宗和兩宮皇太后均派大太監出京迎接張大人回朝。待到秋涼，司禮太監魏朝奉太夫人回京，明神宗和兩宮皇太后以家人禮迎接。

這一次丁憂奪情，張居正可謂超規格享盡榮華富貴，是他個人集權達到巔峰的象徵，自此之後他更加隨心所欲。當然，很多人說只有權力在他手中，才能衝破重重阻力，推行改革。那麼，張居正那這位偉大的改革家到底有何歷史功績，配不配得上享受這些待遇呢？應該說還是有一些。

張居正有好幾項重大的改革措施，號稱挽救了即將覆滅的大明王朝，續了幾年命，其改革最主要的是措施是考成法、清查土地、一條鞭法等。

所謂考成法，又稱「京察」，即從京師派出考察組，全面考察地方官員的政績。這實在算不上什麼新玩意，歷朝歷代都時不時這樣搞一下，只不過官員的政績很難量化，考察到後來也不知道該怎麼繼續下去，所以每次又都虎頭蛇尾。張居正這一次也沒創出什麼新花樣，其實更多的是以考察為名，提拔自己人，貶黜不依附自己的人，倒是有點像恢復漢、晉察舉制度的意思。後來明朝陷入嚴重黨爭，「黨徒」們就是用這個制度互相鬥，元氣大傷，造成文官隊伍的嚴重撕裂。

清查土地有點類似於隋文帝的「輸籍定樣」，但明朝戶籍制度遠比剛由南北朝統一而來的隋朝嚴密清晰，所以不需要「大索貌閱」，只需要重新丈量、認真清查偷稅漏稅的田產即可。在這個問題上，大獨裁者的優勢展現出來，他的親信隊伍有力地執行了這個任務。經清查，全國納稅土地共701.3976萬頃，比上一次弘治年間的清理多了近三百萬頃，成效卓著，大幅提高了田稅收入，有點像一次活血化瘀的舉措，雖談不上很偉大的理論創舉，但實實在在地增加了財稅。

　　張居正最著名的改革家標籤恐怕就得算著名的一條鞭法了。所謂一條鞭法，簡單地說就是以現銀折算賦稅。古代的賦稅制度很複雜，有現金、糧食、布匹、勞役等多種形式，隨著市場經濟的發展，這些事物的實際價值會有波動，每一次波動都是基層官吏盤剝百姓的機會，全部折算成銀兩減少了這樣的機會，也讓納稅人能夠自由地選擇效率最高的一種納稅方式。

　　客觀地說這是一種符合市場經濟規律的行政調整，也確實解決了一定的財稅制度弊病。但話說回來，一條鞭法實在不能算是張居正的發明，現在可以很明確地考證，此法最初提及早在明世宗嘉靖九年（西元1530年），武英殿大學士桂萼和戶部尚書梁材便初步提出歸併稅種，摺合銀兩的作法。最遲嘉靖十年（西元1531年），御史傅漢臣便明確提出了「一條鞭法」這個名稱。嘉靖後期，朝廷在許多地區試行了這種稅法。隆慶年間，海瑞巡撫應天便帶著試行該法的任務，成

效不俗。隆慶後期，高拱拜相，更是非常積極地推行了一條鞭法。張居正只是繼續推行這個行之有效的辦法而已。不過此法確實在相當程度上革除了明中後期中央財稅能力急遽弱化的危情，在一定程度上確實可以說推遲了王朝的破產。明廷推行一條鞭法後中央財政收入的變化趨勢如圖3所示。

　　透過圖3可見，張居正的工作確實極富成效，也無愧為「救時宰相」的美譽，但把他捧成偉大的改革家，我始終覺得相當疑惑，因為他的創新發明改革措施實在是太少了，更多的只是延續前人的措施，更堅決地執行下去而已。尤其是很多人把張居正和王安石相提並論，但縱覽兩人的仕途，除了死後不久王朝覆滅（靖康之難可算「北宋」覆滅）之外，兩人很少有實質性的共同點。張居正倒是跟劉瑾麾下的閹黨大美男張彩有更多共同點，區別只在於張彩身敗名裂，張居正富貴終老。

中央財政收入（萬兩銀）

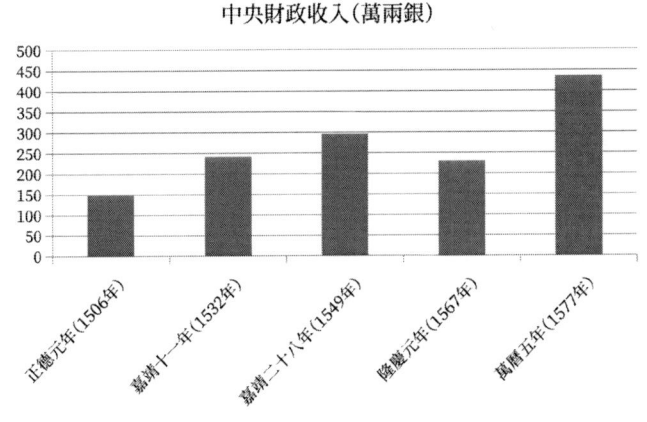

圖3　推行一條鞭法後典型年分中央財政收入的變化趨勢

7 明非亡於崇禎，實亡於萬曆

　　不過張居正的種種做法積怨頗多，他在時權傾天下，無人敢言，等他死了才會爆發出來。更可怕的是，張居正在時能夠攬權，很大一個因素是明神宗年幼，他死了，明神宗也長大了，回憶起童年的種種，再加上張居正的一票仇人在耳邊不斷吹風，張老師不被清算真的很難。

　　明神宗萬曆十年（西元 1582 年）六月，太師、特進光祿大夫、左柱國、吏部尚書、中極殿大學士張居正卒，朝廷為他舉辦了盛大的葬禮，輟朝，遣四品京卿、錦衣衛堂上官、司禮太監為其扶靈歸葬。但接下來就是對他的清算了。

　　張居正彌留之際，舉薦了禮部尚書潘晟、吏部左侍郎餘有丁入閣，兩人均通過了廷推，朝廷批覆潘晟為武英殿大學士，餘有丁為文淵閣大學士，準備上任。但張居正一死，就有御史雷士幀、王國，給事中王繼光相繼彈劾潘晟，說他是張居正的座主（鄉試中舉人時的考官），張居正這是在引薦私人。這一下引爆了大家對張居正幾個兒子中進士的積怨，人情洶洶，紛紛上疏彈劾。明神宗勒令潘晟退休，潘晟還沒上任就被罷免。大家繼續釋放對張居正的積怨，張四維在這其中可能也造成了幫腔的作用，不斷地在年方弱冠的明神宗面前提及張居正當年是如何掌控年幼的他。明神宗身為皇帝，想到自己被張居正當小學生耍了這麼多年（雖然他確實是），憤恨難平，咬牙切齒地同意了清算張居正！

　　有人為張老師鳴冤，說明神宗這個學生不厚道，居然長

大了整老師。其實根本不冤,張居正到底是不是一個合格的老師?老師要教學生的不僅僅是學術,更重要的是做人。張居正從來沒把明神宗當成真正的學生來培養,只是把他攥在手裡當權柄使用。尤其嚴重的是,張老師堂而皇之地在自己的學生面前表演考試舞弊,這叫什麼老師!

大清算光有潘晟還不夠,更重要的是馮保。其實馮保在內宮敵人也不少,但不知道他到底有沒有意識到,張居正一死,他也失去了最大的倚仗。朝廷罷免潘晟讓馮保很生氣,他在病中坐起:「我只是得了小病,就當我不存在嗎?」這幫人當慣了皇帝,卻忘記了以前是靠一張大網籠罩了明神宗,現在李太后歸政,張居正去世,馮保一人又怎麼把持得住成年的明神宗呢?太監政治這方面,大明可不能說遠邁漢唐。不久,皇太子(朱常洛,即明光宗)誕生,馮保趁機請封伯爵,這人真的是被張居正的生祠矇住了雙眼。首相張四維表示,明朝從無太監封爵的先例,但他還算給馮保面子,給了一個名額讓他的弟弟或姪子當都督僉事。馮保不滿足,大怒道:「你是靠誰有了今天,現在卻辜負我!」馮保雖連線受挫,但他又成功地運作了老鄉梁夢龍出任吏部尚書,他覺得自己勢力仍在。

其實馮保是明穆宗留下的老太監,不是明神宗當太子時的東宮舊人,他一直壓在上面早就讓明神宗的玩伴們不滿,如今張居正一死,大家都知道馮保已經失去倚仗,準備動

他。明神宗的太監張鯨、張誠不斷述說馮保當年如何嚴厲箝制明神宗，完全不是一個好奴才，建議貶黜他。其實明神宗也早就對馮保不滿，但此時居然感到餘威尚在，擔心地說：「如果大伴上殿來和我爭論，怎麼辦？」張鯨說：「太監嘛，只要有旨不許再入，他哪敢？」張四維也很討厭馮保這個張居正的遺留產品，指示御史李植、江東之彈劾馮保在永寧公主（明穆宗第四女朱堯媖，李太后所出）選婚的事情上，收受富戶梁國柱一萬兩賄金，隱瞞了其子已患重病的情況，迎娶了公主。結果婚後一個月梁公子就死了，害苦了公主。明神宗收到彈章，順勢貶馮保為奉御，南京閒住，第二年就鬱鬱而終。其弟馮佑、姪子馮邦寧均官至都督，都免官下獄，最後死在獄中。朝廷抄沒馮保的家產，抄出來金銀百餘萬，珠寶大致同等價值，此外還有大量的名家字畫、古琴等藝術品價值連城。

事實上，馮保的財產恐怕遠遠還不止這麼多。馮保被發配南京，李太后肯定要過問。明神宗敷衍道：「老奴被張居正蠱惑，沒什麼大過失，去去就召回。」不久潞王（明穆宗四皇子朱翊鏐）結婚，珠寶一直備不齊，李太后很奇怪，明神宗說：「近年來無恥臣僚大量收購珠寶，送給張居正、馮保兩家，導致市價暴漲，皇室都買不起了呀！」李太后說：「不是已經抄家了嗎，應該把這些珠寶抄出來才對呀！」明神宗只好又說：「這老奴狡猾，先轉移了財產。」於是也只好再深查馮保的財

產，結果捅了馬蜂窩，查出錦衣都督劉守有及其下屬張昭、龐清、馮昕確實在抄沒過程中私吞了大量財產，均獲罪。

但此事又給了明神宗另一個思路，本來錦衣衛抄出馮保的家產已經夠多，誰知還是被隱沒了不少的結果！馮保的不少寶貝都是張居正送的，那張居正自己得有多少啊？當時財政相當緊張，明神宗漸漸動了抄張居正家的念頭。多種因素綜合在一起，最終促使明神宗下定了清算張居正，籍沒其家的決定。客觀地說，張居正被清算有諸多因素，但如果他像海瑞那樣兩袖清風，明神宗也犯不著對一個死人大動干戈。張居正貪婪過甚，積財太多，勾動了明神宗的貪欲，才是最關鍵的一個因素。

明神宗詔奪張居正官、諡，遣司禮太監張誠、刑部右侍郎丘橓率大批錦衣衛、給事中前往江陵抄家。荊州地方官得知情況，一反前一天對張家的諂媚討好，突然變得窮凶極惡，為防張家人逃走，居然把門封起來，等到抄家隊開門時，已經餓死十幾個了！抄家隊在江陵抄出來黃金萬兩、白銀十餘萬兩。另一個戰場是張居正在北京做官的幾個兒子身上。長子張敬修時任禮部主事，熬不住拷打，承認了有三十萬兩藏在曾省吾等張居正親信家中，之後自殺。張居正的弟弟都指揮使張居易、次子翰林編修張嗣修、三子翰林修撰張懋修狀元均被流放。

之後，朝臣們就張居正的罪行展開了激烈辯駁，繼續攻

擊他的不少，但其實維護他的人也有。最終，朝廷詔奪張居正一切官、諡、贈、賜、誥、封，以罪狀示天下，還說明本來應該開棺戮屍，但姑且免之。

很多人對張居正及其家人遭到的慘痛打擊深表同情，認為張居正作出這麼偉大的貢獻，卻遭如此結局，非常令人痛心。其實除了改革，張居正還在軍事和外交上都有一定的建樹，但我想這些都不是重點，重點只在於不管你有多麼偉大的功績，都不是破壞政治規矩、貪汙腐敗的理由。更何況，張居正這個偉大的改革家相當值得商榷。張居正死後六十年，明朝就覆滅了，有人說這是因為大明病體沉痾，積重難返，張居正改革續了幾十年的命，已經很了不起了，他仍然是偉大的改革家。這種解釋好比做了一臺手術後病人很快就死了，但你卻說病人本來就沒救了，醫生已經讓他多活了一會兒，這臺手術依然是非常成功的，醫生妙手回春，堪與扁鵲、張仲景、李時珍比肩！這種邏輯對於受過現代高等教育的人來說相當難以接受。

平心而論，張居正在理財方面算得上一個能吏，解了財政上的一時之急，但說為王朝續命就過了。事實上，南宋和明朝都有不少人尖銳地指出，王安石改革是「靖康之難」的罪魁禍首，明末也有不少人隱晦地指出張居正將慢性病的大明一腳踢進了加護病房，只是當時還沒身亡，不好意思把話說那麼明。所謂改革，就是打破舊有利益格局，釋放活力。但

張居正的改革措施其實大多是打破舊有利益格局，形成全部倒向自己的新有利益格局。這樣的改革，莫說放在晚明，就算放在漢文帝、宋仁宗的時代也能把國家葬送了。

7.4 資本主義萌芽

明神宗朝朝政腐敗，政治鬥爭激烈，有不少人將明神宗視為昏君。但事實上，在有些歷史課本上，這 48 年（西元 1573 至 1620 年）卻有一個非常時髦的說法——資本主義萌芽。

明代是地理大發現的時代，由於航海技術的突飛猛進，全世界都加強了交流貿易。明孝宗弘治五年（西元 1492 年），西班牙航海家克里斯托弗·哥倫布（Cristóbal Colón）發現美洲新大陸，歐洲也進入了大航海時代。後來人們發現美洲有著玉米、甘薯、馬鈴薯、花生等高產農作物，還有著似乎比舊大陸加起來還多的貴金屬礦藏。同時，另一個大銀礦——日本也基本結束了長達一百五十年的戰國時代，開始發展經濟。美洲和日本兩個大銀礦同時發動，全球貴金屬供應量暴漲，史稱「價格革命」。也有一些研究認為張居正屬行一條鞭法使國庫收入以銀兩計數倍增，其實更多地是展現了一種白銀通貨膨脹，而非經濟增長。

7 明非亡於崇禎，實亡於萬曆

　　中國是當時世界上航海技術最先進的國家，又有著最龐大的人口、最先進的科技、最強大的工業製造能力、最具購買力的市場、最廣闊的腹地，更有著貿易賺錢這個深刻融入中華民族血脈的種族天賦，無疑將成為這個全球化時代的絕對核心，全球三分之一的白銀都透過國際貿易湧入中國。強大的全球化貿易必然對一個國家舊有的社會體系造成嚴重衝擊，腐朽得搖搖欲墜的大明王朝如何應對這樣的全新局面？

　　雖然經濟大發展，但遺憾的是，明朝的理財能力在中國歷代王朝中都算相當差勁的，從頭到尾都處於嚴重的財政匱乏中。儘管「嘉隆萬大改革」尤其是張居正改革在相當程度上增加了國庫收入的帳面值，但比起當時的全球經濟大發展就顯得微不足道了。蓬勃的經濟發展並沒有轉化成財政收入，或許這是一種藏富於民的大策略，但富不能一直藏下去，需要用的時候要取得出來，明朝的提用能力卻過於弱了些。

　　神宗朝其實非常需要用錢。首先是著名的「萬曆三大征」。

　　第一征是鎮壓寧夏哱拜叛亂。萬曆二十年（西元1592年）二月，退休的游擊將軍、寧夏副總兵哱拜率韃靼部叛亂，號稱要恢復唐宋西夏帝國的基業，勾結河套諸部入侵陝西，連下數城。朝廷以右副都御史葉夢熊為陝西三邊總督，並調都督僉事、神機營右副總兵李如松提督遼東精兵參戰。九月，明軍攻破寧夏城（今寧夏吳忠），哱拜出降。此戰明軍

共耗資二百餘萬兩。

第二征是壬辰朝鮮戰役。萬曆二十年（日本後陽成天皇文祿元年、西元 1592 年）十月，太閣（大致相當於日本各藩鎮聯盟的祕書長）豐臣秀吉率領一統日本的戰國菁英，自信滿滿地向朝鮮發起了進攻。日本和朝鮮都是大明的藩屬國，大明有義務維持秩序，以兵部左侍郎宋應昌為總督，都督李如松、都督僉事陳璘分率陸、海軍赴朝鮮戡亂，國內宣傳成鎮壓「倭寇」的總決戰，史稱「壬辰倭亂」。經過約八年大戰，五萬明軍大勝二十萬日軍，並摧毀了日本海軍，切斷日軍歸路，豐臣秀吉被氣死，家臣德川家康趁機篡權，半島重歸和平。此戰明軍共耗資七百八十萬兩。

第三征是鎮壓播州土司叛亂。萬曆二十七年（西元 1599 年），播州（四川、湖北、貴州之間的山區）宣慰使楊應龍叛亂，殺貴州都指揮使楊國柱、指揮李廷棟，攻占綦江（今重慶市綦江區），進逼重慶。朝廷以兵部右侍郎李化龍總督湖廣、四川、貴州軍務兼巡撫四川，調大軍進剿，歷時兩年剿滅。此戰明軍共耗資二百餘萬兩。

萬曆三大征軍事上精彩絕倫，政治上有力地維護了祖國的統一，但經濟上也耗資巨大，略計共耗一千二百萬兩，不但大開國庫，還動用了不少明神宗內帑。偏偏這時又發生了火災，乾清宮，坤寧宮，皇極、中極、建極三大殿連線失火，重建又需耗資百萬，戶部奏稱實在拿不出來錢了。可怕

的是，從現在開始紫禁城的很多重要建築都會反覆發生火災，原因無他，某些人想透過災後重建的大型工程從中撈錢而已。

另一方面，明代藩王世爵體系似乎也到了一個臨界位置。明朝較之宋朝有一個很大的歷史倒退——恢復了世襲爵位制。宋朝的爵位都是終身制，即本人身死爵位即自然消失，不由子孫世襲。明朝雖然封爵比宋朝嚴格得多，但卻多為世襲罔替，一個爵位子孫可以一直世襲下去。而且一個勳臣除世子一系，還有一些旁系世蔭錦衣衛職。最初人數很少時不覺得負擔很重，但子又有子、子又有孫，這雖然不是一個幾何級數增長體系，但持續不斷的算術級數增長也很可怕。僅就皇帝一系而言，皇帝只有一個兒子繼承皇位，其餘均封王，但新皇帝又很多兒子封王，兩百餘年累積下來就很可怕了。光是這些藩王、世爵、錦衣官的基本俸祿朝廷就已經負擔不起，還有大量賞賜和附屬費用。從神宗朝起開始大量拖欠世祿，到最後明朝滅亡也沒能補發。

面對如此龐大的財政缺口，明神宗必須想辦法補充財用。他一定會對社會經濟超級繁榮，國家財政卻總收不上來錢而感到困惑，不知道他當時到底得到了什麼回饋消息，從後來的舉動看，他應該是判斷癥結在於文官不可信，夥同商人避稅。其實這有點像太祖朝的郭恆案，但明神宗的解決辦法不是殺盡涉貪的官員，而是繞開這些官爺，自己去收。明

神宗產生了一個重要發明——礦稅太監。

明朝本有在各地派駐鎮守太監的慣例，但鎮守太監主要側重於軍國大事，對財政經濟干涉不多，更不可能直接深入到市場經濟主體中。明末市場經濟高度發展，市場主體的資金量已經遠遠超過了政府財政總盤，所以明神宗判斷這是一個監管上的空白，於是派出太監直接管理工礦。這種行為當然遭到文官的激烈反對。

早在萬曆十二年（西元 1584 年），房山縣一個礦老闆史錦奏稱在當地勘測出有礦，奏請開礦。本來這種情況應該由朝廷按制度簽發許可證，以後由地方政府按稅率抽稅即可，但這次明神宗宣布不需朝廷簽發，由他本人直接派出太監去管理就行了。這樣的礦直接繳稅給太監，帶回來給皇帝，政府那頭就不繳稅了。朝廷當然不會同意，首相申時行堅決制止了這樣的行為。之後明神宗悄悄派太監在外勘測，在京師附近勘測出來許多礦砂，明神宗都準備派太監去開採，但都被申時行等文官制止。文官們制止明神宗開礦的理由當然很充分，皇帝怎麼能直接干涉市場經濟執行呢？但其實他們只是在力保文官的既得利益罷了，皇帝直接派太監去開礦，他們就沒辦法插手了。

萬曆二十四年（西元 1596 年），乾清宮、坤寧宮火災，次年三大殿火災，又正值「萬曆三大征」，戶部實在拿不出來錢重建，皇帝終於找到個理由派出了第一位礦監。這個一

開口可就收不住了，直接從皇帝這裡拿開礦許可的手續比由縣──州──府──布政司──戶部──通政司──內閣層層申報可要快捷得多，許多人發現了礦藏都來直接向明神宗申報，明神宗立即派太監與其同往開礦。最初派出的礦監只針對某一個礦，後來明神宗將礦監冠以地名，比如「奉敕開採山東」，這名礦監就有權在全山東範圍開礦。這時山東的採礦業就表現為皇帝和政府競爭的局面，誰先發現一個礦，誰就占這個礦。由於皇帝這邊手續極其簡單，大多礦主願意走這邊，臃腫低效的政府節節敗退。嗯，這真的是體制問題，很多文官不禁陷入了沉思。

那皇帝和政府形成這種競爭態勢，對老百姓意味著什麼呢？其實這個道理很簡單，不用講什麼卡特爾需求曲線、古諾雙寡頭模型，您就看埃克森美孚石油公司分家後，油價是漲了還是跌了就明白了。為什麼吃虧的總是老百姓？這一定是體制問題，文官們不禁又陷入了沉思。

明神宗利用礦監在搶礦方面大獲全勝，很快又將視線投向其他行業，兩淮的鹽監、廣東的珠監、蘇州織造太監等很快也發展起來。明神宗見直接派太監就能幫他收上來這麼多稅，那之前那些稅都到哪兒去了呢？他又派出了稅監，專門監督稅務。很多時候，礦監也兼稅監，合稱「礦稅太監」。

礦稅太監成為神宗朝代表性的弊政，太監們雖然向皇帝進奉了一些利潤，但他們都不是白做事的，貪墨的部分比上

繳部分多得多。《明史》稱礦稅太監們「縱橫繹騷，吸髓飲血」，上繳的部分不到十分之一，造成「天下蕭然，生靈塗炭」。這其中最貪殘的莫過於陳增、陳奉、高淮、梁永等幾個太監。

陳增是萬曆二十四年（西元1596年），明神宗派出的首位礦監，奉敕開採山東，礦稅太監這個制度很可能就是出於陳增的策劃。陳增深諳為官之道，先做人，後做事。他一到山東，不是急於下礦視察業務，而是整頓官場，先彈劾了好幾個不聽話的知縣，引起山東官場震怒。巡撫尹應元彈劾陳增，結果反而被罰俸。莫說你們這些巡撫、知縣，萬曆二十四至三十五年（西元1596至1607年）這十餘年間，大學士彈劾礦稅太監的奏疏多達百封，明神宗一律冷處理。而礦稅太監一旦有彈章入，早上送入，下午就會批覆，而且往往是重責。人們終於明白，太監的盛世回來了，而且更勝以往。

明神宗又敕命陳增兼山東稅監，但之前已經派了天津稅監馬堂兼管臨清（今山東西北部，靠近天津，當時非常發達）。馬堂在臨清每年抽取稅銀約二十五萬兩，但只上繳八萬兩，七年累計貪墨一百二十萬兩。陳增不服，與馬堂激鬥。最終明神宗做和事佬，讓兩位公公各讓一步，馬堂把臨清讓給陳增，但陳增把東昌（今山東聊城）讓給馬堂。陳增更加張狂，籠絡了很多同黨，大肆搜刮。到後來陳增的黨羽經常誣

陷富戶私藏違禁物品，直接破家而入，盡掠其財。御史和地方官紛紛彈劾陳增，明神宗一律不信。

後來鳳陽巡撫李三才以妙計除了此害。他先籠絡陳增的黨羽，中書舍人程守訓家裡一個受了酷刑的家奴，讓他去向陳增告密，說程守訓家裡有贓款四十萬兩，還有違禁的龍鳳僭逆之衣。陳增大驚，來向李三才請教該怎麼辦。李三才說：「你趕緊報告皇上啊！皇上讚了你的勤奮，就算是司禮監掌印太監的位置也可得呀！」陳增果然心動，向皇帝告發了程守訓。結果程守訓獲罪，供出了自己多年來的貪腐行徑，無非就是貪墨稅款。明神宗知道稅監及其黨羽有貪墨稅款情況，心中非常難受，對陳增也不再那麼信任。而陳增的手下見老大居然這樣對待小弟，非常寒心，為其搜刮也不如以往盡力，收不夠往年的額度。明神宗一見今年陳增進奉的稅額減少，心想果然是此賊貪墨了稅款，頓時大怒，下令逮捕調查陳增。陳增這才明白上了李三才的當，悔之晚矣。

陳奉本是御馬監奉御，萬曆二十七年（西元1599年）出任荊州（今湖北荊州）稅監，兼附近幾個大礦的礦監。陳奉覺得自己兼領數使，非常驕橫，一路隨意捶打官吏，剽掠商旅，商民恨之入骨。陳奉剛到荊州，就有數千民眾丟石頭把他打跑。陳奉奏稱是襄陽知府李商畊等地方官煽動民變，明神宗重處李商畊等。當地有個奸人漆有光，誣陷商業競爭對手徐鼎等，掘了唐代大貪官李林甫妻子的墓，得黃金鉅萬。

陳奉向明神宗上奏，得旨將徐鼎的家財盡皆搜刮，還毒打徐鼎，強迫他將境內的陵墓全部發掘，掘地三尺找金銀。

第二年，武昌（今湖北武漢）爆發了著名的「武昌民變」，萬餘民眾包圍了陳奉官邸，甚至縱火焚毀了包庇他的巡撫衙門。武英殿大學士沈一貫等大批官員紛紛上疏彈劾陳奉和湖廣巡撫支可大貪贓不法，怒激民變，明神宗不聽。他可能還沒意識到，這場民變已是星星之火，可以燎原。幾乎同時，天津的商民也驅逐了天津稅監馬堂，打死其黨羽 37 人。不久，廣東稅監李鳳與珠池監（監管南中國海人工養殖珍珠的產業）李敬發生爭執，他們的鬥爭方式包括但不僅限於傳統的互相彈劾，還開發出散布謠言挑起對方民憤的新技術。給事中宋一韓彈劾李鳳貪墨了五千萬兩，還有等值的珠寶。這顯然是誇大其詞，但這個消息一傳出來，廣東商民無不憤慨，激起民變，最後明神宗也只好撤罷廣東珠池監。真正的高潮在萬曆二十九年（西元 1601 年），十七世紀的第一個年頭，宦官孫隆出任蘇杭織造太監兼管稅務。

蘇杭地區當時已經普及了機械織造，出現了許多機戶，並且很快發展為集團化生產，即由一個大戶（資本家）設立織造廠，購買大量織機，僱傭織工，承接外包的紡織業務，收取機器使用費，這種生產方式就被很多人視為所謂的「資本主義萌芽」。孫隆規定，每張織機要收稅銀三錢。這個額度無限接近織機老闆收取的機器使用收入，但邊際收入不等於淨

利潤，人家還有很高的固定成本，這樣一收稅生意還怎麼做下去？大量的織造廠只好停工。織造廠一停工，大量的織機工人就失業了。兩千多名失業織工走上街頭，把全城的稅監和有關部門全部焚燒，打死不少稅吏，孫隆連忙逃往杭州才保得小命。這就是歷史上著名的「萬曆江南民變」，亦稱「萬曆江南抗稅運動」，有些人將其視作資本主義革命甚至工人運動的前驅，與英國憲章運動、法國里昂絲織工人運動和德國西西里亞紡織工人起義相提並論。

　　之後，礦稅太監和地方官之間的博弈日趨白熱化，民間抗稅運動也愈演愈烈。礦稅太監和文官相互彈劾，相互煽動民憤，民變此起彼伏。萬曆三十四年（西元 1606 年），宦官楊榮謊稱雲南阿瓦、猛密等部落願意歸順，其地礦產豐富，可年增收數十萬兩，並請纓雲南礦稅太監，明神宗詔許。但楊榮開張不利，第一年只收到幾萬兩，於是誣陷是被雲南知府熊鐸貪墨了。明神宗不辨真偽，將熊鐸下獄。楊榮愈發驕橫，強令麗江土知府木增獻出地盤讓他開採，並不斷誣陷不聽他話的知府、知州。楊榮很快激起了民變，有百姓闖入稅監，打死稅吏。楊榮絲毫不懼，反而大肆搜捕，杖斃數千官民，將一些疑似參與了民變的官員戴枷示眾。楊榮終於激起了更大的民變，指揮賀世勳、韓光大等率冤民萬人焚楊榮官邸，並把楊榮投入火中，殺其黨羽二百餘人。楊榮是非常寵幸的太監，明神宗難過得數日不食。本來明神宗想逮捕賀世

動，徹查此案，但文淵閣大學士沈鯉、司禮監掌印兼提督東廠太監陳矩向他分析了形勢，不能再激民變。明神宗只好作罷，並以四川礦稅太監丘乘雲兼管雲南，減輕了對雲南的搜刮力度。

直到萬曆四十八年（西元 1620 年），明神宗駕崩前，才省悟礦稅太監之害，下罪己詔承認錯誤，並敕命撤回所有的礦稅太監，但這項制度二十餘年來為社會帶來了酷烈戕害，尤其是造成了極大的全社會撕裂效應，早已無法彌合。

其實礦、鹽、織造這些事，古已有之，不能算什麼三千年未有之大變局，漢、唐、宋都有大量關於如何管理工礦業的經典論述，什麼封建社會、農耕文明，都不是明朝君臣搞砸這事的藉口。明朝這個的所謂資本主義萌芽，其實未見得比宋朝情況複雜。宋朝憑藉高超的公共管理水準，將科技進步和市場經濟發展的作用發揮到極致，才能以半壁河山力，扛蒙古帝國薈萃了大半個地球資源的鋪毯式轟炸半個世紀，譜寫了人類文明史上一曲最豪邁的泣血長歌。而反觀明朝，在極其寬鬆的環境下，坐擁絕對的世界經濟中心地位，手握大航海時代的絕佳更新換代良機，卻硬是無可救藥地實現了自我財政崩潰。這真的不能歸咎於任何藉口，只能說腐敗已深入膝理，這個王朝的公共管理水準尤其是財稅體系已經爛得令人髮指！

7.5 實亡於萬曆

這是一個非常大的話題，我們不能妄下論斷，但到此卻也不得不提。

明神宗是明朝在位時間最長的皇帝，他身後還有三位明帝、二十四年國祚，但《明史·神宗本紀》卻以一句「明之亡，實亡於萬曆」來作總評。後世也有不少人讚同，稱「明非亡於崇禎，實亡於萬曆」（「崇禎」系明朝末帝朱由檢年號）。

時至神宗，大明王朝已經走過 252 年，較之 212 年西漢、196 年東漢、320 年宋朝、289 年唐朝（平均 254 年），其實已經非常接近中國古代王朝的期望壽命，似乎確已氣數將盡。但神宗朝漫長的 48 年也確實暴露出不少問題，不能等閒視之。

神宗朝最大的問題首先是太監政治的回歸，這種病症消失又復發的情形總是令李時珍都無比揪心。開啟這個問題的人正是張居正，他為了和高拱爭權，藉助了李太后和馮保的力量，力推後宮人員再度走上櫃檯。張居正是明朝甚至唐宋以來集權度最高的大獨裁者，有些人認為集中力量辦大事，正是這種集權優勢才能厲行改革。但事實上，正如一個人只有在抵抗力強時才能下猛藥，虛弱時只能先調理再狠治。一個國家或許在盛世階段可以有一個相對集權的偉人帶領大家勇攀高峰，但在這個虛弱的晚明，任何集權都只能轉化成腐

敗的權力尋租，張居正不是聖人，也不能例外——事實上他不但不是聖人，還是一個名符其實的大貪官。

張居正有一些在當時看來頗具成效的改革措施，快速增加了明朝的財政收入，但這些措施似乎更像是吃興奮劑，絕非長效機制。且不說考成法、清丈土地這些做法既無創新也無可持續性，就說姑且算在他名下最著名的「一條鞭法」，此法倒是一下子弄來了白花花的銀子，但弊病叢生，注定不可能長久。注意，這不是張居正人亡政息，而是這個做法本身就沒有可持續性。

首先，當時已經腐朽的財稅體系在使用一條鞭法的時候，就拓展了不少尋租空間，更多的稅收徵管權集中於地方政府，對於薪俸微薄的州縣官員無疑會產生巨大的誘惑，這不得不被懷疑為張居正以此收買大量地方官員，構築自己的集權體系。地方官從中漁利的手段最著名的莫過於「火耗」。所謂火耗，是指政府收稅全部改為白銀後，農戶交來的銀兩是很零碎的，政府要把他們熔鍊成錠，但在熔鍊的過程中會損耗一些銀兩，這部分錢要納稅人補齊。朝廷規定了火耗的額度，地方官就想方設法地在當地加大火耗，以便將差額私吞。

這樣一來，實際火耗額度很快就飆升至了百分之二三十！極大地增加了農民的負擔。張居正放縱火耗，調動了地方官員積極性，所以新法得以實施，他死後朝廷收緊了火耗額度，地方官積極性下降，所以新法逐漸廢弛。其實就

這麼簡單,不是什麼大改革家人亡政息。到了清朝,火耗舊病復發,氾濫一發不可收拾,額度甚至可以達到百分之幾百!到清中期,甚至採取了火耗歸公的做法,將火耗制度化,要求官員不能截留,全部上繳國庫,國庫再以「養廉銀」的方式返還給官員。當然,我知道你也不會相信「養廉銀」真的能養廉,這實際上是政府為貪官背書,讓他們合法撈取更多火耗。一條鞭法的衍生品火耗,可以說是一個遺害後世數百年的玩意。

其次,一條鞭法堪稱是明朝政府向市場經濟投降的象徵。明朝的財稅管理體制非常拙劣,尤其是和它之前的宋朝比起來,簡直慘不忍睹。宋朝以發行了世界上最早的紙幣——交子著稱,明朝其實也發行過紙幣——寶鈔,甚至在戶部下設了一個專管紙幣工作的部門——提舉寶鈔司。但明朝的紙幣發行完全失敗,民間至始至終沒有承認過這套官方發行的貨幣。一個連貨幣體系都不能啟用的國家,其財政能力之弱可想而知。更不幸的是,明朝還遇到了大航海時代,海量白銀湧入,高峰期每年僅國際貿易流入境內的白銀就有上億兩,如果考慮乘數效應,其撬動國內市場的白銀流通量,更是可以把區區數百萬兩的國庫收入砸得找不著北——話說張居正號稱把國庫收入從兩百萬提高到四百萬——從經濟總量的 0.3% 提高到 0.6%,您覺得真的很有意思嗎?

這更昭示著明代另一個重要的經濟現象 —— 產業主體已經不是農業，而是工商業。但值得注意的是，一條鞭法收起來不少銀子卻主要來自農戶，對商家影響不大。也就是說真正享受了經濟增長的人並未增加納稅，農民卻幫商人承擔了新增的稅額。又由於爆發式的商業繁榮帶來急遽的通貨膨脹，農民使用白銀購買商品，還要承受政府和商人的雙重剝削，非常窘迫。

當然，農民也有辦法。明朝規定取得科舉功名的士紳名下田產不納田稅，這本意是鼓勵讀書，是個好政策。但隨著社會對農戶的壓榨加重，自耕農會把自己的田產掛靠在士紳名下避稅，這也是晚明土地兼併數值畸高的一個原因。這造成國家稅源進一步流失，正是明神宗無奈大開礦稅太監的源動力。有人做過粗略統計，萬曆二十五年至三十四年（西元1597 至 1606 年）十年間，各地稅監向內帑進奉 569 萬兩，同時太監貪墨約 1,500 萬兩。但這五百多萬兩白銀卻實實在在地支撐了萬曆三大征，支撐了大明王朝繼續走下去。有時候，歷史就是這樣的黑色幽默。

可能有人已經忍不住要問，既然工商業大發展，為何不向他們徵稅，而是死咬著可憐的農民伯伯不放？宋朝可以做到工商稅占國庫收入的 70%，農稅退居次席，明朝為何做不到？這也是明朝中後期真正最嚴重的問題：國家對工商業掌控力度太弱，收不起來稅，只能從農民那裡反覆搜刮。那

到底為什麼收不起來稅呢?因為民族資產階級先天的軟弱性——我好像說反了?

這個問題的答案其實也蘊藏在晚明的政治腐敗中,官員隊伍太腐敗,容易接受商人的賄賂,為他們謀求利益。一旦政府要向商人加徵賦稅,商人們總能找到官員為之運作減免。那西方國家為何可以平穩通過這個歷史階段的呢?原因不複雜——他們的國家太小了——君主可以直接面向一線稅源,偷稅漏稅無法運作君主本人。

而中國實在是太大了,官員的尋租收益率太高,商人向官員行賄一百兩,可以豁免一千兩的稅,這種行為很快就能風靡。其實這些才是改革家真正需要解決的問題,遺憾的是張居正所做的似乎正好相反,他的制度都是更有利於官員減免商稅——同時搜刮更多農稅來彌補。站在明神宗的角度,他的感觀就是明明社會經濟大發展,但他就是收不到稅,所以才會大興礦稅太監,企圖繞開官吏到一線去直接收稅。

對此,商人們也極力拉攏地方官僚,反抗這種來自最高權力層的收取,「鄉黨」也正是在此背景下開始盛行,浙黨、齊黨、楚黨粉墨登場。客觀地說,礦稅太監與地方官員的激烈鬥爭中,太監們自然很壞,地方官和他們激鬥有很多出於維護正義,但肯定也不是全部。有很多地方官也只是代表當地豪商大賈和代表皇帝的太監爭奪利益罷了,頻繁的民變很多也是出於地方官的煽動。他們為了一方商賈的私利,造成

中央和地方的對抗，這堪稱是整個統治階層和全民的對立撕裂，對於一個超級大國而言相當危險。

那麼，科舉這道防火牆難道就沒有遏制這種結黨營私？非常遺憾，科舉制度在此時也開了大口，張居正、張四維三位公子同科進士的故事您還記得吧？不如再翻回唐伯虎那一節，看看那張比股災還要慘烈的圖您就什麼都明白了。當然，要造成 A 類進士比例如此嚴重的下跌，光靠作弊還不行，更重要的原因恐怕來自於張居正另一重大舉措——廢除基層學校。

宋明以來，中華帝國建立了非常完善的公共教育體系，「科舉必由學校」，地方政府建立大量公立學校，供有資質的學生攻讀，以參加上一級考試。比如一個人只要通過很簡單的考試就能入讀縣學，成為童生。縣學根據成績提供獎學金，供童生繼續考秀才。考中秀才就可以入讀州學、府學，既為當地政府提供諮詢，相當於地方上的翰林院，又可以公費繼續攻讀考舉人。

這個體系下，稍有資質的人就可以得到優質的公共教育，無須花大錢入讀私立學校。所以貧富差距不能阻止中國人考取功名，宋明兩朝長期保持50%左右的 A 類進士比例，保障社會階層的充分流動，完全建立在這個完善的公共教育體系之上。張居正卻大量裁汰府、州、縣學的學生數，鼓勵私教。一些私立學校用高薪吸引教師，當然學費也很高，專

供富戶子弟讀書，府、州、縣學的生源和教學質量同時下降，這就是窮人考中的比例越來越低的原因所在。即便是最崇拜張居正的人，也承認這是張居正的一大「失誤」。

這也深刻地提示了我們，完善的公共教育，是中國人必須堅守的底線。在中國這個社會，無論你是誰，哪怕是張居正這樣的大獨裁者，也請絕對不要觸碰中國人的這條底線。

當然，從心理學角度講，張居正這個大獨裁者受到很多人的崇拜，其實也是可以理解的。權力崇拜似乎是人類的動物本能，權力制衡是違背人類天性的做法，人們都喜歡「醉臥美人膝，醒掌天下權」的絕對快感，不喜歡被約束，這種天性可以從宋神宗反覆改刑的例子中窺見一斑。宋神宗也是一位英武不群的帝王，有一次他因宋軍在陝西與西夏作戰失利，要斬一位轉運使（政府負責向軍隊提供後勤物資的文官，正五品），政事堂僉議通過。

第二天上朝，宋神宗向尚書右僕射兼中書侍郎、同中書門下平章事蔡確詢問，是否已落實此事。蔡確卻說他回去想了一下又覺得不妥，大宋立朝以來極少殺士人，這次不必破戒。宋神宗見自己的意見昨天明明透過了，今天就變卦，很不高興，但蔡確反覆勸誡，最終宋神宗勉強改為刺配充軍，蔡確也同意。誰知尚書左僕射兼門下侍郎、同中書門下平章事章惇又表示不同意，宋神宗忙問你又是為何不同意？章惇答道：「士可殺，不可辱。刺配對讀書人是莫大的侮辱，不如

殺了他算了。」宋神宗見兩位宰相明明昨天才談妥,今天就左也不是右也不是,不由得惱羞成怒:「朕快意事一件也不得做!」章惇卻悠然答道:「要做快意事,就別來做皇帝。」宋神宗也只好默然。可見,皇帝也要受到許多權力制約,並非隨心所欲,相當令人不快。唯有張居正,權傾八百年,八荒六合任我行,總算讓很多人快意了一把,這其實才是很多人崇拜張居正的心理學原因。

絕對集權導致絕對腐敗,張居正的問題加快了明朝覆滅的腳步。事實上,這個腐朽的時代也並非一無是處,甚至有很多值得銘刻的經典。大航海時代,是光榮與夢想的時代,我們的祖先同樣在這個時代創造了光輝燦爛的文明成果。李時珍、方以智、徐光啟、李之藻、朱載堉、徐霞客、宋應星、王徵……無數科學巨匠閃耀星空,他們的研究成果傳遞到西方,為一個世紀後牛頓(Newton)、萊布尼茲(Leibniz)引燃現代科學理論大爆炸奠定了堅實的理論基礎。徐渭、董其昌、湯顯祖等文藝大師也將這璀璨星空裝飾得流光溢彩。李贄、顧憲成、金聖歎紛紛提出令人嘆為觀止的道德新說,莫說王陽明,連孔孟程朱的地位都岌岌可危。

萬曆,就是這樣一個五彩紛呈的大時代,甚至有人將其稱作「中國的文藝復興時代」。

但也就是這樣一個時代,礦稅太監橫行,朝中黨爭不息,全社會出現巨大撕裂。這一次的撕裂不是朝中官員隊

伍,而是整個統治階層和全民的嚴重撕裂。面對這個宏大的複雜歷史局面,我們只能眼睜睜地看著如火的大明,馬上就要一點點地熄滅,最終被關外陡然灌進的寒氣徹底冰封。這正猶如我們眼睜睜地看著一個無比優秀的生命,卻被病魔一點點地帶走。無奈亦無嘆。

8

復發：閹黨歸來

慢性病最怕的就是症狀消失又復發，因為這意味著病毒已經扎根，哪怕一時壓住症狀，只要下次再現，恐怕就要生死相伴。

　　張居正為了與高拱爭權，重新放出了後宮政治這個封印半世紀的邪惡力量。真正可怕的是，徐有貞之後就是焦芳，醜陋的「閹黨」症狀也必隨之復發。這一次，大太監是比「立皇帝」劉瑾更加鼎鼎大名的「九千歲」魏忠賢，黨徒是比焦芳、張彩還要凶殘百倍的顧秉謙、崔呈秀。不過也正是在這樣的背景下，一個光耀千秋的士人集團——「東林黨」橫空出世。它似要劃破閹黨的萬里汙濁，卻又更像是一次用盡生命力量的熱血噴薄。

　　只是閹黨的「鐵腕肅清」與明太祖的「鐵腕肅貪」遙相呼應，此朝已再不可留。

8.1　九千九百歲

　　明世宗嚴禁後宮干政，將後宮政治封印了近半個世紀。但明世宗一死，高拱和徐階爭權，張居正和高拱爭權，都紛紛祭出了後宮政治這個大殺器。這猶如一顆腫瘤被切除後，沉寂了一段時間後又復發。這比新生的病症要可怕得多，像乳腺癌這樣的病，治癒率高達96%，但就有4%的機率會復

發，一旦復發就再難存活。

現在，兩百年大明王朝，太監參政這個病症已經出現了切除復發的症狀。最初太監干政也只限於後宮，偶爾代表皇帝行使一下最高皇權，然而到神宗朝中後期，礦稅太監四處激起民變，這就是一種全面擴散的表現。不過這都還只是重症的熱身，真正的高潮在等一個人——魏忠賢。

其實《華爾街日報》將劉瑾列為世界首富五十人，從而捧紅了劉瑾，很多人是不服氣的，要說到明朝的貪官、權宦，代表人物不是嚴嵩、劉瑾，顯然應該是魏忠賢。

魏忠賢，本姓魏，小時候是個無賴，沉迷於賭博，生活無以為繼，最後只好閹割入宮去當太監，改名李進忠，後因與另一名太監重名又改回原姓，賜名忠賢。魏忠賢為人巧媚，善於逢迎，很快巴結上了司禮太監魏朝，繼而又巴結上了司禮監秉筆太監王安，得到了一個侍奉王才人典膳的差使。王才人是皇長孫朱由校的生母，皇長孫的奶媽叫做客氏。客氏本是魏朝的對食（太監、宮女在後宮結為沒有法律保障的事實夫妻），但魏忠賢一來兩人便墜入愛河，拋棄魏朝，與魏忠賢結為對食。

魏忠賢對食的命運轉折來得出乎意料的快。明神宗萬曆四十八年（西元 1620 年）七月，明神宗駕崩。八月，皇太子朱常洛繼位，史稱明光宗，年號泰昌。僅僅一個月後，明光宗突然駕崩，明神宗皇太孫、明光宗皇庶長子朱由校理應繼

位。但這時幾個後宮人員打起了小想法，明光宗最寵幸的妃子李選侍想立自己的兒子懷王朱由模，與心腹太監李進忠商量，把15歲的皇長子藏起來。群臣送別明光宗殯天，來請皇長子在靈前繼位，卻左右找不到人。文淵閣大學士劉一燝怒斥群閹：「皇長子應該在靈前繼位，人呢？」太監們不敢回答，一哄而散，只有東宮伴讀王安上前答道：「被李選侍藏起來了。」劉一燝大吼：「誰敢藏匿新天子！」王安聽了這話，知道朝臣還是支持皇長子的，有了底氣，說：「別急，請稍等不要退去。」

王安找到李選侍，請他把皇長子交出來。李選侍知道不行了，只好交人。眼看著皇長子離去的背影，李選侍突然又反悔了，拉住他的衣袖。王安突然抱起皇長子就跑。劉一燝遠遠看見，急忙衝上前山呼萬歲，簇擁著上車。門裡傳來李選侍淒厲的叫聲：「哥兒卻還！」不斷地有人衝出來想把小哥兒搶回去。劉一燝不理，趕著車疾速趕到文華殿，舉行了皇太子冊立儀式。之後雖然又經歷了「移宮案」的風波，但皇太子還是有驚無險地繼承了皇帝大位，史稱明熹宗，年號天啟。

這是一個非常危險的訊號，明朝雖然宮人貪腐嚴重，但絕無干預大政，李選侍、李進忠企圖玩弄皇權廢立，恢復漢唐宦官干政的局面，將公權力退化為皇室的私權力。李選侍、李進忠的陰謀未能得逞，但魏忠賢對食卻成了最大的受

益者。明熹宗極其寵幸二人，登基不到一個月，就封客氏為奉聖夫人，魏忠賢自惜薪司躍升為司禮監秉筆太監、提督寶和三店（三個皇店），他們好幾個兄弟子姪都授為錦衣千戶。其實魏忠賢是不識字的，按理不應該進司禮監，但由於客氏的原因，破壞了這個政治規矩。明熹宗結婚後，很多官員奏請應該將奶媽送出宮，但明熹宗捨不得，說皇后還小，需要奶媽保護，不如等明神宗大葬了之後再說。這一拖就成了無限期，魏忠賢和客氏從此成為宮中的毒瘤，在後宮大搞宮鬥，先是驅逐了舊老闆魏朝。若說魏朝和魏忠賢是情敵，整他還說得過去，接下來他們卻謀殺大恩人王安，原因竟然是王安太正直，不利於他們施展宮鬥。魏忠賢和客氏慫恿明熹宗將王安名下的太監盡皆貶斥，但要殺王安時，魏忠賢還有點於心不忍，客氏勸他：「你我比李選侍如何？他連李選侍都能搞定，能留下做禍患嗎？」魏忠賢總算下定決心，必殺王安。

　　魏忠賢整王安的方法很陰毒，他先唆使給事中霍維華彈劾王安，將其降為南海子淨軍（太監組成的軍隊），再任命劉朝提督南海子淨軍。劉朝本是李選侍的心腹太監，因為在移宮案中獲罪下獄，現在故意把他放出來去當王安的上司，想讓他來整死王安。劉朝到了南海子，果然第一件事就是把王安關起來絕食，王安取籬笆上的蘆片吃，三天都沒死。劉朝等不及了，撲殺王安。魏忠賢和客氏，這兩位一個殘忍，一

個陰險,是宮鬥中的絕代雙驕,史書稱客氏「淫而狠」,魏忠賢沒讀過書,但記憶力很好,「猜忍陰毒,好諛。」

整治了王安,後宮群閹大懼,深知魏忠賢即將成為新的劉瑾,紛紛投效,司禮監的王體乾、李永貞、石元雅、塗文輔等大太監都成為了魏忠賢的羽翼。終於等到了明神宗定陵成,明熹宗按約定將客氏送出宮去,結果不久又召回。文官們很生氣,紛紛上疏勸諫,都被明熹宗責備。給事中倪思輝、朱欽相、王心一反覆勸諫,被貶出京。不過此時大家的火力主要還是對準客氏,尚未來得及攻擊魏忠賢。

其實魏忠賢蠱惑明熹宗的方法,和劉瑾蠱惑明武宗沒有太大區別,可能是跟前輩學的。魏忠賢先是把倡優聲伎、狗馬射獵的一套引進來,明熹宗雖然沒有明武宗那麼愛玩,但畢竟是少年心性,很快玩得不亦樂乎。繼而魏忠賢精選了大量太監,操演火器,在內宮搞軍事演習,明熹宗玩得也很起勁。這支太監火槍隊後來擴張到上萬人的規模,魏忠賢每天帶著大隊披甲持槍的護衛出入,非常威武,文官們見了無不膽寒。這相當於是在騰驤四衛這支皇帝私軍之外,又設立了一支魏忠賢的私軍。當年曹吉祥陰蓄私兵,畢竟是暗中蓄養,魏忠賢這是手持皇帝令旨,公然養兵,中外無不震懾。

劉瑾巧尋明武宗遊玩時進獻奏章的做法也被魏忠賢學走。明熹宗是一位著名的木匠,具有建築學與都市計畫、土木工程、材料結構科學與工程專業博士同等學力,木材加工

與製造專業教授級高級工程師職稱。這不是開玩笑，明熹宗的木結構工藝堪稱一代宗師，尤其擅長宮殿類建築，在穿榫挑梁方面有重大理論貢獻，一些作品流傳至今，俱為無價珍寶。當然，這麼高的水準自然是集中精力狠下苦功鑽研出來的，這比明武宗遊玩的時候專心致志多了。魏忠賢便專門尋這種機會去進獻奏章，明熹宗不是像明武宗那樣頑皮地跑開，而是頭也不抬地哼哼應付，後來明確地告訴魏忠賢：這些事你處理就得了，不用來煩我。

看來，魏忠賢邀寵擅權的一應做法其實都沒有突破劉瑾的框架，甚至可以說是亦步亦趨。他只是遇到了一個更加腐敗的時代，成效更加卓著而已，稱其為劉瑾的學生並不為過。所以，劉瑾在《華爾街日報》上出了風頭，蓋過魏忠賢，也是可以理解的吧。

不過當時的人沒看過《華爾街日報》，認為魏忠賢更甚劉瑾，不斷有人上疏彈劾。魏忠賢這種沒讀過書的人對輿論並不重視，對於雨點般的彈劾，只要沒有短期影響，他只視作毛毛雨。為了鞏固客氏的寵幸，魏忠賢和客氏大肆戕害後妃。首先是魏忠賢矯詔賜死了明光宗選侍趙氏，然後殺死了有孕在身的張裕妃。甚至皇后有孕，客氏都想辦法使其流產，這也是明熹宗一直沒有嗣子的原因。另外還有很多宮妃、太監都疑似他們用計剷除。

明熹宗天啟三年（西元1623年）冬，魏忠賢兼掌東廠事，

權力更大，行事更加驕橫。文官們紛紛向明熹宗勸諫，熹宗一律不聽。第二年開春，魏忠賢興起了一場大獄，準備盡滅文官。魏忠賢的做法是抓住一位獲罪的中書舍人汪文言，中書舍人是內閣的低階文員，雖不執掌高層權力，但經手了內閣許多重要檔案。魏忠賢準備以他為線索，順藤摸瓜，把內閣九卿全部牽連進來，將其逮入詔獄，嚴刑拷打，逼他誣供一應高官。

中極殿大學士葉向高知道魏忠賢的陰謀，指示御史黃尊素找到錦衣衛鎮撫使劉僑，讓他控制案件，止於汪文言，不要再擴散。魏忠賢大怒，矯詔罷免劉僑，另以私黨許顯純代替。這種行為激起了文官們的憤慨，御史李應升上疏彈劾魏忠賢在內宮操練軍隊之事，給事中霍守曲彈劾魏忠賢為自己建祠堂，御史劉廷佐彈劾魏忠賢濫封蔭官，給事中沈唯炳彈劾魏忠賢私設刑堂。魏忠賢當然不會讓這些奏疏到了明熹宗手上，一律以矯詔詰責。這時，都察院的長官出面了，左副都御史楊漣一向痛恨魏忠賢，將這些彈劾的內容彙編成一道奏疏，並加上了魏忠賢戕害宮妃，導致明熹宗骨肉被墮等事，共二十四條大罪，直接遞到了皇帝面前。

這下魏忠賢害怕了，他先是找到建極殿大學士韓爌幫忙，韓爌表示愛莫能助。魏忠賢只好趕緊跑到皇帝面前哭訴，並且主動辭去提督東廠事，客氏也從旁幫腔，王體乾等太監紛紛幫他說話，明熹宗憒然不知所措。最終，明熹宗經

不住一大幫太監、宮女圍著求情,選擇了相信魏忠賢,溫言安撫。第二天,明熹宗駁回楊漣的奏疏,嚴旨切責。不過文官的攻勢並未就此停歇,吏科都給事中魏大中立即上疏追論魏忠賢,引發了一波更大的狂潮,撫寧侯朱國弼、南京兵部尚書陳道亨等七十餘名高官紛紛上疏彈劾。其實當時的首相葉向高非常有鬥爭經驗,他假裝和事佬,與禮部尚書翁正春一起覲見,請明熹宗也不用重罰,只需將魏忠賢遣出宮閒住,就能「塞謗」。這其實是各給一個臺階下,很有政治智慧的處理。但可惜十來歲的高級工程師卻並不理解,沒有採納。

魏忠賢勉強頂住了這一輪攻勢,恨得咬牙切齒,開始醞釀毒計報復,要殺盡異己。當然,文官也不是鐵板一塊,恰如劉瑾有閹黨宰相一樣,現在文官中也有人趁機投效魏忠賢。禮部尚書顧秉謙正值入閣的關鍵時期,競爭對手非常多,覺得這是個借力剷除異己的好機會,於是找到與魏忠賢同鄉同姓的南京禮部侍郎魏廣微,透過他把自己忌恨的人列成名單,悄悄給了魏忠賢,讓他依次剷除。魏忠賢果然將這些人一一剷除,還助顧秉謙、魏廣微二人同入為東閣大學士,這一屆的閹黨宰相採取了雙螺旋結構開端。

賞你們入閣,當然就要為魏老闆做事。魏老闆痛恨葉向高,必須得擠掉他。不過葉向高德高望重,又極具政治智慧,沒那麼好解決。但有顧秉謙、魏廣微的智慧,加上魏忠

賢的殘狠，很快就有了辦法。顧秉謙、魏廣微最清楚文官的秉性就是受不了侮辱，可以先用侮辱打掉文官的骨氣，再行論罪。太監王體乾建議用廷杖恫嚇文官，撞上槍口的是工部郎中萬燝，上疏彈劾魏忠賢，立即被廷杖打死。葉向高力救不逮，非常難過。

不久，御史林汝翥也被責以廷杖，但魏忠賢卻故意事先洩漏消息給他，林汝翥懼而逃到遵化（今屬河北唐山）巡撫所避難。魏忠賢派了許多人去把巡撫所圍起來，大聲鼓譟，聲言林汝翥身為御史，又是首相的姪兒，怎麼這麼不要臉？他丟的不是自己的臉，而是舅舅葉向高的臉呀！其實林汝翥根本不是葉向高的姪兒，但這對造謠的人不重要，只管造。葉向高受不了這樣的侮辱，再加上之前確實已經心力交瘁，憤而辭職。明熹宗優詔特加太傅，葉向高也辭而不受，退休回家。

文官們這下知道魏忠賢的厲害了，緊接著，吏部尚書趙南星、左都御史高攀龍、吏部侍郎陳於廷、左副都御史楊漣、左僉都御史左光斗、吏科都給事中魏大中等紛紛被免職。韓爌大為傷感，進諫明熹宗稍止。明熹宗一副滿不在乎的樣子（他可能確實也不太明白到底發生了什麼事），韓爌更加心痛，最終知不可挽回，於是也辭職退休。

韓爌走之前，排名其後的武英殿大學士朱國祚、文淵閣大學士史繼偕就已經退休，武英殿大學士何宗彥病卒，少傅

兼太子太師、兵部尚書、文淵閣大學士兼掌兵部孫承宗出鎮山海關。韓爌走後，少保兼太子太保、禮部尚書、文淵閣大學士朱國禎補為首相。魏忠賢指示自己的乾孫子御史李蕃彈劾他，朱國禎未多做抵抗，老實上疏請辭。魏忠賢說：「這倒是個老實人，不像之前那些老壞蛋。」於是獎勵他先升少傅再退休。顧秉謙則總算如願以償，攀上首輔寶座，雙螺旋結構的其中一端率先測定基因組序，選育出碩果。

見有顧大學士投效魏公公，得居首輔的示範效應，想升官的文官紛紛投效，很快形成了一個比劉瑾更強大的閹黨。完成權力布局後，魏忠賢閹黨開始大肆戕害直臣，剷除異己。閹黨御史梁夢環再論汪文言案，已經免職的趙南星、楊漣等二十餘人被追論，遭到削籍、流放等重處。這二十餘人每人又都牽出一條線，窮加追究，吏部尚書張問達、戶部尚書李宗延等五十餘人受牽連獲罪，「朝署一空」。空出來當然就是要用閹黨分子來填，從此「忠賢之黨遍要津」。閹黨掌權後還要繼續尋仇，早就免官的韓爌、張問達、何士晉等高官紛紛被追論罪名，遭到削籍、充軍，就算人已經死了也要抄家追贓。魏忠賢的仇人何其之多，他又不識字，不會記筆記，有些仇人漸漸就忘了，但閹黨分子一定會幫他記起來，提醒甚至激怒他，去窮追這些人的罪責。

閹黨分子向魏忠賢邀寵主要的手段就是冒功，很小一件事情就說成大功勞，藉此邀賞。編成一本書，是文盲魏忠賢

的功；修成一座宮殿，魏忠賢的功；邊鎮修一座堡壘，魏忠賢的功；抓到一個間諜，魏忠賢的功……歸功於上級是奸黨邀寵的一大法寶，因為魏忠賢這種權閹，你只要歸功於他，他可以給你比應得功勳更大的激賞。向魏忠賢歸功的這些人後來都得到超擢，正常情況下他們恐怕還升不了官，這就是加入閹黨，向權閹獻功的好處。更何況，獻這些功勞也不需要什麼代價，無非就是昧著良心動動嘴皮子而已，再說有些人本來就沒良心，就不需要昧了。

　　魏忠賢立了這麼多功，朝廷當然也要獎勵他，形式主要就是蔭及家人。魏忠賢掌權之初，其叔魏志德授都督僉事，外甥傅應星授左都督，姪魏良卿任錦衣指揮僉事，署南鎮撫司。之後隨著不斷「立功」，蔭及的範圍和程度都不斷加大。天啟六年（西元 1626 年），半年之間，魏忠賢家族就獲蔭錦衣指揮使四人、指揮同知三人、指揮僉事一人。至天啟七年（西元 1627 年），魏家已經累計有十七人蔭及錦衣指揮使，同知、僉事、鎮撫使不可勝數。他的族孫魏希孔、魏希孟、魏希堯、魏希舜、魏鵬程，以及一大幫姻親均官至都督、都督同知、都督僉事等軍職。姪子魏良棟、姪孫魏鵬翼尚在襁褓之中，竟然已經得授太師、少師！魏家蔭封最高的人，還得數魏忠賢的姪子魏良卿。魏良卿一開始就是魏忠賢的左膀右臂，堪稱閹黨的祕書長，初任錦衣指揮僉事，署南鎮撫司，為魏忠賢打理東廠，屢封肅寧侯、寧國公，後來甚至代天子

主持祭祀，至此天下人開始懷疑魏忠賢恐怕是打算竊取神器了。

確實，魏忠賢的權力之大，早已不在普通皇帝之下，天下人對他的諂媚遠甚正常的君臣之儀。這跟明熹宗自身也有很大關係，當年汪直、劉瑾擅權時，大家不敢直呼其名，但也只是稱一聲「汪太監」、「劉太監」，現在明熹宗要求「魏、忠、賢」三個字都要避諱，大家只能稱「廠臣」，連「魏太監」都不能叫。閹黨宰相黃立極、施鳳來、張瑞圖在內閣為明熹宗代擬的檔案上自稱「朕與廠臣」，大家立即明白了兩層意思：一是要尊稱他為「廠臣」；二是皇帝與「廠臣」俱為一體。於是大家更加瘋狂地諂媚廠臣，但又確實不好稱其萬歲，於是略打折扣，稱作「九千歲」，後又有人稱「九千九百歲」，趨近於萬歲。

山東巡撫李精白奏稱當地出現了麒麟，黃立極等立即擬旨「廠臣修德，故仁獸至。」要給魏忠賢加九錫。所謂加九錫是古代君主賜臣最重的禮儀，歷史上加九錫的名臣有：王莽、曹操、孫權、司馬昭、石虎、爾朱榮、高歡、侯景、劉裕、蕭道成、蕭衍、陳霸先、楊堅、李淵。沒錯，這些人（或兒子）後來都當了皇帝，諸葛亮拒絕了蜀後主（劉禪）加九錫的詔命，所以就沒當皇帝。明熹宗還算腦子清醒，沒有批准這道草詔，不過之後皇帝發給魏忠賢的制誥都用九錫文的格式。

既然不能假黃鉞、加九錫，那就建生祠，以示我對廠臣一片赤誠猶如張居正對馮保。浙江巡撫潘汝楨率先奏請為魏忠賢立生祠，但沒有找到很好的理由，戶部倉場總督薛貞馬上跳出來說，前幾天草料場大火，全靠魏公公救，才無害。大家一起歌功頌德，建生祠的行情從此大興，高潮時一年就建了四十餘座。其中，右僉都御史、遼東巡撫閻鳴泰一個人就建了七座。其實建生祠也不光是為了諂媚，其中也有生意可做。建工程嘛，都是有利可圖的，尤其是這種國家重點工程，拆遷和工程款都非常順暢。不少人藉機強奪民田，斬伐墓木，大肆中飽私囊。有些生祠建在風景名勝區，毀壞古蹟甚至古聖先賢的祠堂，成為永久的傷疤。到後來愈演愈烈，國子監生陸萬齡說九千歲這麼偉大，乾脆奉入孔廟算了。還好這個倡議沒有得到實行，不然儒家社會當場崩潰給你看——雖然實際上也只剩不到二十年了。

魏忠賢遍攬大權，四海諂媚，到底有誰能制？其實要制他也很簡單。明朝的太監畢竟不是漢唐權宦，只是皇帝私權力的衍生品，這個性質始終沒有改變。魏忠賢只不過是遇到了一個特別腐朽的時代，顯得特別誇張而已。這個文盲對劉瑾專權的方式亦步亦趨，可見也沒什麼創新能力，他自己就跳不出歷史的制約。

天啟七年（西元1627年）八月，明熹宗駕崩，年僅22歲。明光宗第五子信王朱由檢繼位，史稱明思宗莊烈皇帝，

年號崇禎。

信王一直很痛恨擅權用事的魏忠賢，廠臣最怕的就是他繼位。明熹宗突然駕崩，魏忠賢極力試圖阻止信王繼位。似乎明熹宗無子，誰繼位值得討論，魏忠賢可以從中作梗，甚至行廢立之事。但是，禮法的作用在此顯露無遺。根據禮法，明熹宗駕崩，那就由他最年長的親弟弟繼位，不需要討論。漢唐權宦找些小孩兒來當皇帝的伎倆在宋朝以後就行不通了，魏忠賢只能眼睜睜地看著最討厭他的信王坐上皇位。

明思宗登基後，立即有御史言官上疏彈劾魏忠賢及其閹黨。明思宗好整以暇，留而不發。直到浙江嘉興舉人錢嘉徵上疏彈劾魏忠賢十大罪，明思宗才召魏忠賢入，讓內侍讀給他聽。魏忠賢大懼，重金求明思宗身邊的太監幫忙，毫無作用。十一月，明思宗詔魏忠賢去鳳陽守陵。途中，又下令逮捕調查。魏忠賢剛剛走到阜城（今屬河北衡水），聽到消息自縊而死。明思宗詔磔其屍，懸首河間。又令在浣衣局打死客氏，魏忠賢之姪太師、寧國公魏良卿，客氏之子錦衣都指揮使侯國興、客氏之弟都督同知客光先等被斬首棄市抄家。

但這時一個意外出現了，大家肯定很關注魏忠賢的贓款有多少。明思宗一輩子以缺錢著稱，我相信他不會看不起這點錢。他之前遲遲不肯對魏忠賢下手，很可能就是在部署調查他的贓款，好等抄家時吃個飽。但魏忠賢抄家的結果是——贓款為零。

你沒有看錯，魏忠賢一分錢贓款都沒有。追尋魏良卿等人的府第，也沒有！唯一抄到有價值的就是客氏家裡養了八位美女，供稱是客氏蓄養準備進獻給明熹宗，行呂不韋之事，生下皇子繼續當皇帝，永保他們的富貴。但現在明熹宗人都死了，這些已經不重要了，重要的是錢！錢哪！錢到哪裡去了？萬曆三大征都花那麼多錢，我崇禎九大征要花更多的錢哪！

　　對不起，真的沒有。負責抄家的錦衣衛官員推說：「聽說魏忠賢走的時候，裝了幾十車行李，想必是把贓款都打包帶走了吧。」明思宗不是傻子，追問：「那他在阜城死了，那些車呢？」錦衣官：「可能死前就都轉移了吧。唉，要怪就怪皇上您不果斷，要是一登基就抓魏忠賢他肯定跑不了，給了他三個多月時間，還把他放出去，再多的財寶都轉移了呀！」

　　明思宗服氣了，他知道這錢他再也別想見到了。魏忠賢的贓款最終成了一樁懸案，甚至有人據此為其翻案，說他是個大清官——不然怎麼一分錢都沒貪墨，海瑞還有十幾畝薄田呢？事實上魏忠賢的贓款有可能確實是他自己提前轉移了，也有可能是去抄家的錦衣衛吞了。但錦衣衛吞一部分還可說，全吞了也沒法交差呀？但也許錦衣官就是利用常人這種思考方式，故意全吞了，然後說您看我吞也不可能全吞呀！總之，真實的答案已經永遠淹沒在歷史的塵埃中，唯一可以確定的只有一個人——可憐的明思宗一釐銀子都沒撿到。

沒事，不用真的等九千歲，還有十七年，你全家都要破產了。

8.2 黨爭三國殺

有權閹自然就有閹黨，這一次的行情，比劉瑾、焦芳時代更加火爆。

前文反覆論證，傷痕最易病變，奸黨要拉攏人，最好先在文官隊伍中尋找裂痕。黨爭最容易產生裂痕，魏忠賢擅權之前，明朝其實已經經歷過一次嚴重黨爭。神宗朝中後期工商業大發展，地方上的豪商大賈在政府中尋找代言人，形成所謂的「鄉黨」。宰相張居正、張四維等帶頭破壞科舉，裁汰公立學校，鄉黨迎來了一個發展高潮。鄉黨既要跟皇帝鬥，也要互相鬥，幾十年鬥下來大浪淘沙，鄉黨主要剩下三個大黨：齊黨、楚黨、浙黨。需要指出的是，這不是一些正式的政黨，這種黨稱亦並非他們自己取的名，而是政敵攻擊他們的蔑稱。黨稱來源於主要人物的籍貫，比如齊黨的領頭人是山東人亓詩教，楚黨的主要領頭人是湖廣人官應震、吳亮嗣，浙黨的領頭人是浙江人沈一貫。這幾個人只是這幾個圈子的學術帶頭人，未見得是官最大的。比如亓詩教實際上是他老師方從哲的代理人，方從哲當時已位居首輔，比較注意

不參與小圈子,所以他的學生亓詩教僅以給事中就成為一黨之領袖。而所謂的黨徒們也並非都是這幾個地方的人,只是打進了這幾個圈子而已。

　　鄉黨這些名稱的產生其實源於另一個大黨——東林黨。東林黨在歷史上相當著名,後來甚至成為清流名士的代稱。該黨的創始人一般認為是萬曆二十二年(西元1594年)被削職為民的吏部文選郎中顧憲成。顧憲成仕途早期就被貶黜過一次,後復官逐漸升至文選郎中,執掌二十四司之首的吏部文選清吏司,但在廷推內閣大學士時,顧憲成反覆提出明神宗不喜歡的人選,被人告了狀,明神宗將其削職為民。那一次入閣的人是陳於陛和沈一貫,經分析,應該是沈一貫入閣後捅了顧憲成,所以東林黨和浙黨的梁子當時就結下了。

　　顧憲成回到老家無錫(今江蘇無錫),與弟弟顧允成一道重建了宋代學者楊時講學的東林書院,邀請很多學識淵博之士講學,形成了一股社會閒雜人等清議朝廷大政方針的風氣。古代文化普及率不高,講究「野無遺賢」,賢明之士(稍有文化的人)都應該為國當官,尤其是科舉體系成熟後,各個層次的文化人都被網羅進國家、府、州、縣各個層次的公學,辦私塾的一般是考不起功名,在公學找不到工作的人。但現在突然來了一個進士等級的人辦書院,而且邀請到了大批進士講學,這可以說是明朝建立兩百多年來都不曾有過的盛況!

東林書院縱論古今道德文章，更愛清議朝政，臧否人物，往往能發朝廷不能發之言論，深受士人學者推崇，一時名聲大噪。萬曆三十二年（西元1604年），顧憲成與顧允成、高攀龍、安希範、劉元珍、錢一本、薛敷教、葉茂才八人發起第一屆東林大會，釋出了《東林會約》，此八人被稱作「東林八君子」。顧憲成做東林講學做得有滋有味，官也不當了。朝中推薦他復職的奏章上百封，最後朝廷召他出任南京光祿少卿，他一律拒絕，堅持在東林書院講學。

東林書院雖然只講學清議，但其實對朝政是有很大影響的，被議論臧否的朝中人物也難以自安，必然要回擊。一般人獨力辯不過整個東林書院，於是漸漸形成合力，逐漸就形成了「鄉黨」的雛形。而參加東林講學的文官一邊參加學術活動，另一邊自然也會升官，這些官員漸漸就被政敵稱作「東林黨」。

東林黨和鄉黨最初是在學術上辯論，東林黨有一個很重要的立場，就是攻擊王陽明的心學。當時滿朝都是心學門生，自然會為之力辯。後來開始爭國本，明世宗「大禮議」的很多事情也被翻出來再論。光宗朝的梃擊、紅丸、移宮三大疑案也被翻出來反覆炒作，他們的辯論逐漸進入深水區，開始在時政尤其是當朝的人事、經濟問題上展開了激辯。再之後，雙方開始進入實質性鬥爭。張居正留下一個好東西——京察，即吏部、都察院每六年進行一次大規模官員考察，優

秀的超擢，拙劣的貶黜。雙方就利用這個互相鬥，大面積超擢本黨黨友，貶黜敵黨人員。可謂每年都有小動盪，六年一次大動盪。

黨爭到後來非常激烈，很多人意氣用事，朝政幾乎陷於癱瘓。首相葉向高有一篇非常精當的《宋論》，極論「天下之禍，莫大於人臣之求勝也。」指出宋代「新舊黨爭」是造成朝廷大撕裂，導致「靖康之禍」的根源。這不可不謂重重警告，他幾乎已經把話說明——再像你們這樣爭下去，靖康之禍離明朝也不遠了！但黨爭豈會因為一篇文章就停下來，大家鬥得更嚴重，每天就只知道打嘴仗，基本事務誰也不管，葉向高誰也使不動，最後發出一句哀嘆：「閣臣無宰相之實，而虛掛著宰相之名，造成這樣（黨爭）的大害！」其實他這句話邏輯相當混亂，明代的內閣大學士恰恰名義上只是皇帝的顧問祕書，無宰相之名，有宰相之實，但此時確實是有宰相之名，無宰相之實，所以造成極大的混亂。葉相，哦不葉祕，哦也不——唉反正就他了，說得非常有道理，但我們就不接著他的邏輯說下去了，且說這樣的大混亂、大撕裂背後偷笑的只能是另一個黨——閹黨。

閹黨最缺什麼？人才！日本戰國激鬥，無數武士失去家主，成為浪人，倭寇正好把他們招入陣中。當年的焦芳、張彩都是因為在文官隊伍中混得不如意，所以才另闢蹊徑，投效閹黨。現在文官們這樣激爭劇鬥，loser 如雨點般灑落，他

們很多都會進入閹黨的盤子。尤其是齊、楚、浙黨在與東林黨的鬥爭中漸落下風，合併成一黨也無法和東林黨抗衡，後來齊楚浙黨的很多人就乾脆加入閹黨這個更大的黨。

首先引爆這波重組行情的「閹黨宰相」顧秉謙、魏廣微和焦芳非常類似，也是庶吉士出身，學識很高，但人品卑劣。吏部尚書趙南星與魏廣微之父魏允貞是好朋友，曾對魏允貞嘆道：「你沒有兒子啊！」這話傳到魏廣微耳中，非常忌恨。入閣之後，魏廣微三次去趙南星家造訪，趙南星都讓門人拒而不見。魏廣微很生氣地說：「他人可以拒絕接見，我以宰相之尊，不可拒！」於是愈發痛恨趙南星。某些人就是不明白，別人看不看得起你，是在於你人品高低，官位再高也無法掩蓋低劣的人品，尤其是透過投效奸黨來換取官位，反而更讓人看不起。

不過也不需要你們看得起，魏公公看得起就行了。

隨後入閣的「閹黨宰相」是黃立極、施鳳來、張瑞圖、馮銓、來宗道、楊景辰等，都是靠巧媚奉迎取得魏忠賢的寵信，魏忠賢指示顧秉謙、魏廣微召開廷推，如果推出別人魏忠賢就代表皇帝不批准，直到推出他們入閣為止。

顧秉謙、魏廣微年齡都比較大了，入閣後不久退休。天啟七年（西元1627年），黃立極、施鳳來相繼補為首輔，不過時間很短，沒有太大作為。施鳳來和張瑞圖則堪稱閹黨雙璧，也就是下面沒有黨的絕代雙驕。兩人同為萬曆三十五年

（西元 1607 年）丁未科進士，施鳳來榜眼，張瑞圖探花，之後兩人的仕途猶如量子糾纏夸克禁閉隱性傳態：同授翰林編修，同累官至太子少詹事兼禮部侍郎，同於天啟六年（西元 1626 年）七月以禮部尚書入閣，同授東閣大學士，十月同晉太子太保、文淵閣大學士，十一月同晉少保兼太子太保、戶部尚書、武英殿大學士。這兩人又同以巧媚無節著稱，張瑞圖在會試策論中竟然有一句「古代看人本來沒有君子、小人之分，都是孔老二自己發明了這樣的概念。」時人以為狂悖，其實依我看更有可能是在作弊，這種驚世駭俗之語是他和閱卷人之間的暗號。

至於來宗道、楊景辰，堪稱新版的劉宇、曹元，這類人拚命諂媚魏忠賢，只為求個待遇，入閣後基本也沒做什麼事。翰林編修倪元璐經常上疏爭論時事，來宗道也不打擊他，只是笑道：「渠何事多言，詞林故事，止香茗耳。」（大姪子你何必多說，翰林院的老規矩，只有香茶而已。）因此人贈外號「清客宰相」。不過來閣老在文淵閣品香茗，著實比劉宇、曹元在同一個地方對著喝酒品味高多了。來，來閣老，再來一瓶！

新版的張彩也有，只不過長得沒那麼英俊，但加入閹黨的動機卻更典型，這就是崔呈秀。說他是新版的張彩是因為兩屆閹黨事實上最受大公公寵幸的人都不是那幾位「閹黨宰相」，而是張彩、崔呈秀這兩位尚書，因為太年輕，沒來得及

入閣而已。

　　崔呈秀是萬曆四十一年（西元 1613 年）癸丑科進士，初授行人，天啟初年出任淮揚巡按御史。崔呈秀身為御史，卻贓名狼藉。他查到霍丘（今安徽霍邱）知縣鄭延祚貪贓不法，準備糾劾。鄭延祚連忙奉上千兩白銀，得免。鄭延祚見崔大人這麼好說話，乾脆再送一千兩，讓他舉薦，果然馬上就升官了。崔呈秀一時名聲大振，賄賂紛至沓來。但這樣他也失去了另一邊的支持，崔呈秀判斷東林黨即將得勢，於是力薦暫時被貶黜在家的李三才復官，想透過他介紹「入黨」。

　　但東林黨以正人君子自居，怎麼可能收他這種人。相反，東林八君子之一的高攀龍當了都御史，盡發其貪汙受賄行狀。吏部尚書趙南星建議流放充軍，先將其革職候勘。崔呈秀大窘，連夜造訪魏忠賢家，叩頭乞哀，說高攀龍、趙南星都是東林黨人，排擠構陷自己，求為魏公公養子，才能保護自己。崔呈秀一邊叩頭一邊大哭，非常真誠，打動了魏公公。當時魏忠賢正好要殺遼東經略熊廷弼，並想藉此構陷楊漣等人，就讓崔呈秀試試。誰知崔呈秀很快拿出一整套方案，捏造了很多偽證，不但讓熊廷弼被冤殺，還讓楊漣等大批高官被免。魏忠賢突然發現這樣的人才，相見恨晚，將其引為謀主，之後閹黨的很多策劃都出自崔呈秀。看來，魏忠賢選心腹是看才華人品（人品低劣），比劉瑾看相貌還是要高一個層次。

8 復發：閹黨歸來

崔呈秀既成閹黨謀主，大展才華，首先是作《同志》，標明東林黨人名單，又作《天鑑錄》，標明不附東林黨的人，讓魏忠賢照此貶黜或提拔，朝中「善類為之一空」。人們很快明白魏忠賢黜陟皆由崔呈秀，全都去巴結他，一時門庭若市。魏忠賢又提拔崔呈秀為工部右侍郎兼僉都御史。崔呈秀便是在此時首開任何事都歸功於魏忠賢的風氣，每次一有任何工程完工，都上疏奏請表彰魏忠賢的不世奇功，還在疏末加一句：「臣不是諂媚宦官，只是現在的千譏萬罵，臣都甘願領受啊！」這封奏疏一出，滿朝鬨笑。

崔呈秀也不光是做工程，還很注重文化建設，跟隨顧秉謙編纂了《三朝要典》，將神宗、光宗、熹宗三朝的很多疑案按他們的意思下了定論，主要是為了打擊東林黨，吹捧閹黨。很快，崔呈秀又因各種「功勞」不斷升官，授太子太保、工部尚書兼左都御史。天啟七年（西元 1627 年），崔呈秀以寧遠大捷、三大殿等功授少傅、兵部尚書兼左都御史、世蔭錦衣指揮僉事，一手同握兵權憲紀，權焰炙天。其弟崔凝秀授浙江總兵官，女婿張元芳授吏部主事，小舅子蕭唯中本是個戲子，也得授密雲參將。

魏忠賢閹黨的體系比劉瑾閹黨要龐大得多，而且素質很低，這從他們自稱的名號就可見一斑。崔呈秀、田吉、吳淳夫、李夔龍、倪文煥五個文官稱「五虎」，田爾耕、許顯純、孫雲鶴、楊寰、崔應元五個武將稱「五彪」，加入閹黨比較晚

的周應秋、曹欽程等稱「十狗」。狗當時已經是罵人的話，但這些人為了顯示自己是魏公公的忠犬，寧願自取其辱，甘之如飴。之後還有人不斷加入，又有「十孩兒」、「四十孫」之流的名號，都盡顯俗氣。其實這些名字顯然不是這些人的水準，只是他們為了迎合不識字的魏忠賢，故意取了些低俗的名稱。

除了這些自稱，這些貪官汙吏還因為各種可笑的諂媚行為獲得了不少醜陋的外號，其中最搞笑的莫過於「十狗」之首的周應秋。周應秋本是工部侍郎，受東林黨攻擊辭官歸家，魏忠賢起用他為南京刑部左侍郎，不久改為刑部添注尚書。這個所謂「添注」是魏忠賢當時賣官的官位不夠了，在編制外加了很多「添注官」，好安排他的黨徒。

周應秋有一手燉豬腳的絕活，手藝頗得閹黨祕書長魏良卿的喜愛，於是常請魏良卿到家，親自燉豬腳給他吃，魏良卿每次都大吃暢飲，非常歡心。魏良卿安排周應秋出任左都御史，人贈外號「煨蹄總憲」（古代御史臺俗稱「憲臺」，御史大夫俗稱「總憲」，明代都察院相當於古代御史臺的一部分，所以也將都御史俗稱為「總憲」）。一年後，煨蹄總憲又改為吏部尚書，與文選郎中李夔龍賣官分賄，配合得非常愉快。當時閹黨盡逐清流，周應秋執掌吏部卻說前任工作不用心，繼續精挑細選，果然每天都能找出漏網之魚，看來也不光會燉豬腳，工作能力也很強，確實是貪官多能吏。

此外，還有霍維華、梁夢環、閻鳴泰、許顯純等許多罪大惡極的貪官，他們的事蹟都比劉瑾版閹黨有名得多。事實上，劉瑾閹黨中的很多人只是巴結了一下閹黨就被牽連，本身未必做了太多壞事。但到了魏忠賢的時代，不做盡壞事又怎麼貼得上去呢？

不過兩屆閹黨覆滅的原因卻大不相同，劉瑾版閹黨其實是遭到文官們扼殺，魏忠賢本來毫無這個趨勢，只是沒想到22歲的明熹宗暴病身亡，這一屆閹黨才突然死亡。當然我相信，就算明熹宗不死，也不可能真的一直這樣寵幸魏忠賢，某天一封奏疏見了效，魏忠賢及其閹黨立即土崩瓦解。這也告誡後人：將自己的前途命運交給閹黨這樣的組織，就算能猖獗一時，但已經失去了一個人的立身之本，閹黨這種禍害不可能長留人間，凡以身投效的貪官奸臣最終只能隨之身敗名裂。

天啟七年（西元1627年）八月，明熹宗突然駕崩，廷臣入臨接受遺詔，卻見十幾個太監無比急切地傳喚崔尚書，廷臣都非常驚訝。崔呈秀急忙趕來，入見魏忠賢，密謀了很久，傳言稱魏忠賢準備篡位稱帝，崔呈秀認為時機未到，制止了他。我認為這種可能性不大，他們可能還是在密謀繼位的事宜，避免信王繼位，另擇他們控制得住的人選。只是明朝的禮法力量太強，再大的權力、再內部的便利也無法突破禮法束縛，他們只能眼睜睜地看著信王登基，再束手待斃。

閹黨知道他們的魏公公必將覆滅，現在只能攜起手來互相扶持，崔呈秀有望成為該黨新的領袖。御史們也明白這個道理，於是集中火力猛攻崔呈秀，崔呈秀壓力也很大，上章請辭。明思宗偏偏還不允，不知道是想維持穩定還是留他戲耍。崔呈秀再三上章，明思宗終於同意，派公車將其送回老家。魏忠賢死後，崔呈秀情知不免，把所有的姬妾珍寶全部擺出來，呼酒痛飲，每喝一杯就全力摔碎酒杯，喝完自縊身亡。雖然同是閹黨首惡，崔呈秀這種死法卻比張彩那個大花瓶要壯烈許多。

明思宗剿殺魏忠賢，開始大舉清理閹黨，為此專門召回了被閹黨排擠罷相的韓爌重任首輔，帶領次輔李標、三輔錢龍錫組成專案調查組，擬定閹黨名錄。明思宗本來以為，韓爌被閹黨排擠罷相，錢龍錫被閹黨定為東林黨時任「黨魁」，他們應該對閹黨下狠手才對，萬萬沒想到，明末的罡風早已磨平了他們的稜角，即便大獲全勝，開始懲治敵惡的時候，他們居然怕得罪人，不願下重手。

最初，專案組只報了四五十個人的名單，明思宗覺得太少，令再議。專案組又增加了數十人，明思宗有點生氣，教他們做事，讓他們以贊導、擁戴、頌美、諂附為目，分門別類地清理人選，並且加了一句：「太監也要清理。」韓爌等人立即回答：「我們跟太監不熟，不好清。」明思宗大怒：「什麼不熟，分明就是你們怕得罪人！」明思宗又把他們請到一

間堆滿了奏疏的大殿，指著說：「這都是閹黨稱頌魏忠賢的奏疏，你們一個個查就行了！」韓爌等知道明思宗決心徹查，但還是推說：「臣等職責是撰寫詔旨，不是很懂法律。」明思宗又詔吏部尚書王永光來協助，王永光也推說不懂法。明思宗只好又詔刑部尚書喬允升、左都御史曹於汴加入專案組，這兩位長期從事司法紀檢工作，且獲得過 985 法學博士學位，再無法推脫，只好用心勘察。

明思宗崇禎二年（西元 1629 年）三月，經過一年多的調查取證，魏忠賢閹黨終於定案，朝廷頒布對閹黨 262 人名錄及其處分，《明史》不吝篇幅地窮舉了名錄。

首逆，凌遲者二人：魏忠賢，客氏。

首逆同謀，決不待時者六人：崔呈秀及魏良卿，客氏子都督侯國興，太監李永貞、李朝欽、劉若愚。

交結近侍，秋後處決者十九人：劉志選、梁夢環、倪文煥、田吉、劉詔、薛貞、吳淳夫、李夔龍、曹欽程，大理寺正許志吉，順天府通判孫如洌，國子監生陸萬齡，豐城侯李承祚，都督田爾耕、許顯純、崔應元、楊寰、孫雲鶴、張體乾。

結交近侍次等，充軍者十一人：魏廣微、周應秋、閻鳴泰、霍維華、徐大化、潘汝禎、李魯生、楊維垣、張訥，都督郭欽，孝陵衛指揮李之才。

交結近侍又次等，論徒三年輸贖為民者：大學士顧秉謙、

馮銓、張瑞圖、來宗道，尚書王紹徽、郭允厚、張我續、曹爾禎、孟紹虞、馮嘉會、李春曄、邵輔忠、呂純如、徐兆魁、薛鳳翔、孫杰、楊夢袞、李養德、劉廷元、曹思誠，南京尚書範濟世、張樸，總督尚書黃運泰、郭尚友、李從心，巡撫尚書李精白等一百二十九人。

交結近侍減等，革職閒住者，黃立極等四十四人。

忠賢親屬及內官黨附者又五十餘人。

崔呈秀當時已自縊，開棺戮屍，最終還是和張彩殊途同歸。其實從判決可見，判得最重的除了崔呈秀之外，還是魏忠賢和客氏的一些親戚，「閹黨宰相」們無一被判死刑，最重的也只有魏廣微被判充軍。不過公道自在人心。顧秉謙被削職為民，回到崑山老家，當地百姓知道這個大奸賊回來了，聚眾焚掠其家，八十歲的顧秉謙倉皇竄入漁舟保得老命。他深知不能再回別人認識他的地方，一咬牙，向朝廷獻出四萬兩窖藏銀，以求恩准寄居其他縣了卻餘生。

魏忠賢的閹黨其實還很龐大，恐怕遠遠不止這 262 人，這從後來很多人一直謀求翻案就可以看得出來。明思宗非常堅定，一直不許翻案，這些人又退而求其次，舉薦涉案人員復官。明思宗重罰舉薦的人，這些人才稍稍收斂。直到南明（清軍入關後逃到南方的小朝廷），魏忠賢閹黨才得以翻案，很多人復官，一直當到南明徹底滅亡之後——沒錯，這些人大多投降了清朝，繼續當官。

事實上，真正令明思宗欲哭無淚的還是那個問題——贓銀。

沒錯，這一次又沒抄到一分錢贓銀！我說的是又！快要窮死的明思宗徹底傻眼了，看來他真是天生與錢無緣，大明注定是要被窮死的。不過還好，這一次似乎再沒有人像說魏忠賢本人那樣，硬說閹黨都是清官。

8.3　夜空中的東林向你閃耀

人性像星辰一樣閃耀光華，正因歷史的星空背景是一片深邃的黑暗。

魏忠賢在皇帝十幾歲的年齡得寵，構築起一個超級龐大的閹黨體系，荼毒天下，這應該讓時人深感絕望。然而正是在這種深邃的黑暗中，人性的光輝穿透歷史的長河，閃耀在萬卷青書之上，為每一位堅持正義和節操的人們照亮歷史，也照亮前進的方向。就在似乎最看不到希望的黑暗深處，仍然有那麼一群人，在堅守著高尚的清流。他們不為官，不為財，甚至不為什麼希望，只為人間的高尚與正義，堅持要把手中的一束清流穿過這不管是汙濁還是清澈的人世。

這群人，就是東林黨。

事實上，「東林黨」絕非自稱，而是閹黨對他們的蔑

稱——恰如「閹黨」也是別人對他們的蔑稱。不過東林黨人似乎並不在乎壞人怎麼稱呼，到後來他們甚至並不羞於以此自稱。因為他們很清楚，稱謂並不是重點，重點在於自己的心性——儘管他們的主體思想是反對陽明心學的。

顧憲成重建東林書院的本意是研究學術，但注定不會離開歷史這個大舞臺。東林黨第一次被牽進政局是汪文言獄，後因楊漣、左光斗案達到高潮，重返政治鬥爭的中心，之後成為明末政壇的一支主力。

汪文言最初其實也並非什麼正氣大俠，靠行賄獲得國子監生，積極參與黨爭，用計破齊、楚、浙三黨，後來結交上大太監王安，與劉一燝等重臣都有結交。結果魏忠賢殺王安，將汪文言也視為黨羽，所以汪文言開始投奔東林黨尋求保護。首輔葉向高比較器重他，用為中書舍人，工作中與韓爌、趙南星、高攀龍、楊漣、左光斗等東林高官過從甚密。當時魏忠賢一直想搞毀東林黨，但苦於東林眾人勢大，找不到突破口。結果東林黨內部出了叛徒，左都御史高攀龍的學生阮大鋮、魏大中爭奪吏科都給事中的位置，眾人都認為阮大鋮雖然才華橫溢，但是人品不高，於是舉薦了魏大中。其實大家也沒虧待阮大鋮，還是會推他為工科都給事中，品秩一樣，只是排序稍靠後。結果阮大鋮就不做了，去找到魏忠賢運作，魏忠賢代表皇帝否決了會推結果，另覓親信官員重新會推，使阮大鋮得償所願。東林黨認為阮大鋮依附魏忠

賢，極為厭惡，合力攻訐，最終阮大鋮正式投向閹黨。

阮大鋮向魏忠賢獻計，汪文言不是什麼高官名士，可以逮入詔獄恫嚇，以他和東林黨上層的密切交往，必能供出不少線索，如果他不招供就嚴刑逼供。阮大鋮選擇汪文言，一是覺得他是個小人物，容易整治，二就是覺得這人不是什麼硬漢子，容易攻破。沒想到汪文言經過東林黨的薰陶，也變得硬氣起來，任隨詔獄裡嚴刑拷打，就是不同意誣陷東林黨人。首相葉向高派御史黃尊素與錦衣衛鎮撫使劉僑溝通，說明不能因一個小小的汪文言禍及縉紳，劉僑也表示認可。魏忠賢只好一直把他關在詔獄中，後來經常反覆炒作，不斷唆使閹黨的御史言官彈劾東林黨人與汪文言有勾結。

錦衣衛內部，魏忠賢也藉故將劉僑罷免，換上閹黨的許顯純。許顯純非常狠毒，每日嚴刑拷打汪文言，逼他誣供。許顯純讓汪文言誣供楊漣貪汙，汪文言仰天大呼：「世間豈有貪贓楊大洪哉！」（「大洪」係楊漣的字）。許顯純對他「五毒備至」，汪文言的外甥到獄中探視，見他遍體鱗傷，不成人形，難過得大哭。汪文言痛罵他沒有出息！許顯純實在逼不出來結果，最後自己代其寫了一份供狀，讓他簽字。汪文言垂死中猶大呼：「你不要亂寫！改天我與你當面對質！」許顯純大怒，當場打死了汪文言。

其實明朝汪文言案，有點像宋朝的阿雲殺夫案和清朝的楊乃武與小白菜冤案，都是最高權力層侵入小人物的案件，

但在不同背景下卻顯示出截然不同的效果。

　　阿雲殺夫案發生北宋盛世，朝臣們儘管分成不同派系激烈爭辯，但大多出於法治公心，並非為爭奪私利，朝堂之上激烈的辯駁反而有利於促進法治建設。當然，朝臣之間的激辯仍然有一定的撕裂作用，為之後的「新舊黨爭」埋下一定的伏筆。

　　楊乃武與小白菜冤案則發生在晚清慈禧太后（確切地說是八旗貴族集團）一手遮天的時代，比明末還要晦暗百倍。慈禧太后藉此案一口氣將百餘名官員罷免，舉手投足間就把戰功赫赫的曾國藩湘軍派系一網打盡，沒有遇到任何阻滯，完全是借小案興大獄，實現了宏大的政治目的。其實魏忠賢的想法應該和慈禧差不多，從一個小人物入手，實現摧毀東林黨這樣宏大的政治目標，區別僅在於慈禧太后輕易成功，魏忠賢卻成不了。原因也不複雜，時代背景不同，明末雖然晦暗，但人們的底線尚在，魏忠賢閹黨雖然強大，但堅持高尚與正義的人們也並沒有完全消失。閹黨的惡行甚至激起了強烈的反彈，連汪文言這樣的老滑頭也突然變成了鐵骨錚錚的硬漢。這正是因為哪怕政治再腐敗，但中華民族的血性尚在、節義尚在！

　　魏忠賢想借汪文言牽連東林黨不但失敗，反而激起了東林黨人的激烈反抗，更多的東林黨人參與到激烈的政治鬥爭中來，閹黨和東林黨的鬥爭進入白熱化。閹黨很多人為了表

忠心，賣力地攻擊東林黨。從明熹宗天啟四年（西元 1624 年）十月起，閹黨對東林黨發起了一浪高過一浪的攻勢。

首先是編造東林黨人名冊。所謂東林黨不是一個正式的政黨組織，只是一個俗稱，具體有哪些人其實魏忠賢一個人也未必能理清楚，據傳顧秉謙曾向魏忠賢進獻敵黨名錄，因此受寵，閹黨分子紛紛效法，編造敵黨名冊以供魏忠賢從中挑選。魏廣微不甘落後，作《縉紳便覽》一冊。謀主崔呈秀既作《同志》，標明東林黨人名單，又作《天鑑錄》，標明不附東林黨的人。不過據說魏忠賢文化太低，太複雜了他記不住，這些乾巴巴的書他也看不進去，於是閹黨分子開始動腦筋，要編些有趣味的東西，寓教於樂，所以就和閹黨的「五虎」、「五彪」、「十孩兒」一樣，敵黨也要以通俗娛樂化的方式來編。

監察御史盧承欽將顧憲成、李三才、趙南星稱作「三元帥」，王圖、高攀龍為「副帥」，曹於汴、湯兆京、史記事、魏大中、袁化中稱作「先鋒」，丁元薦、沈正宗、李樸、賀烺稱作「敢死軍人」，孫丕揚、鄒元標稱作「土木魔神」，魏忠賢非常喜歡。阮大鋮、霍維華、楊維垣、倪文煥四人嘔心瀝血，合著了一套〈百官圖〉，圖文並茂，也讓廠臣愛不釋卷。

不過真正最成功還得數左僉都御史王紹徽所撰《東林點將錄》，巧妙地結合了暢銷通俗小說《水滸傳》中的概念，將東林黨人列成 108 人名單，與水泊梁山 108 將一一對應，又

好記又有趣，一時風靡無兩，朝野盡傳。而且該書收錄108將並不以當前職位高低為憑，而是以黨內地位排序。比如排名靠前的有開山元帥一員：托塔天王南京戶部尚書李三才（《水滸傳》原著中為晁蓋）；總兵都領袖二員：天魁星及時雨大學士葉向高（宋江）、天罡星玉麒麟吏部尚書趙南星（盧俊義）；掌管機密軍師二員：天機星智多星左諭德繆昌期（吳用）、天閒星入雲龍左都御史高攀龍（公孫勝）。至於劉一燝、韓爌、孫承宗這些大學士被安排到守護中軍大將十二員之中，分別對應天壽星混江龍（李俊）、天微星九紋龍（史進）、地短星出林龍（鄒淵）。至於汪文言，也名列捧把帥字旗將校一員：地賊星鼓上蚤（時遷）。地位不高，但戲份頗重，可謂恰如其分。

　　閹黨和東林黨鬥爭的高潮發生在天啟五年（西元1625年），閹黨從汪文言身上突破的企圖失敗，重新尋覓更大的機會。北方邊鎮傳來敗報，遼東鎮的駐地廣寧要塞（今遼寧北鎮）被後金天命汗努爾哈赤襲破，遼東巡撫王化貞和遼東經略熊廷弼相互彈劾對方應負主要責任。熊廷弼與東林黨也過從甚密，甚至有傳言當初楊漣彈劾魏忠賢二十四條大罪的奏疏，實際出自熊廷弼之手。阮大鋮建議魏忠賢以此為新的突破口，指使侍郎梁夢環彈劾熊廷弼貪汙軍資十七萬兩，後熊廷弼冤死獄中，被傳首九邊。御史劉徽又上疏稱稱熊廷弼家財上百萬，應極力追論。抄家的人在熊家抄出來一些財產，

同時奏稱熊廷弼之前向楊漣、左光斗賄賂了二萬兩白銀。魏忠賢以此為由，下詔抓捕他最痛恨的這二人。

楊漣、左光斗等人被逮入詔獄，魏忠賢讓許顯純日夜拷打，讓他們承認受賄。許顯純已經是錦衣衛的進化品種，殘狠不比過往，常在詔獄中活活打死人。楊漣、左光斗等人害怕會被活活打死，於是先承認受賄，希望移送法司後再行辯駁。誰知這一次情況變了，他們承認犯罪後許顯純仍不移送法司，繼續在詔獄中拷打。他們終於明白過來——魏忠賢就是要在獄中把他們活活打死，受賄之類的只不過是為了汙他們的名而已，順便以追贓為名繼續迫害家屬。

楊漣情知不免，在獄中寫下絕筆，繼續批駁《三朝要典》，陳述「移宮案」的真相。魏忠賢大怒，讓許顯純立即打死楊漣。楊漣咬破手指，寫下血書一封，稱「欲以性命歸之朝廷，不圖妻子一環泣耳！」（只想以性命報效朝廷，不圖妻子兒子環繞著哭泣！）許顯純用「土囊壓身，鐵釘貫耳」等手法殘害楊漣，但都沒有致命，最後用一枚大鐵釘從楊漣的頭頂釘入。人類顱骨頂部是全身最硬的地方，最難釘入，強行釘入也最痛苦。楊漣死後一天，左光斗也死於詔獄。

這一次被打死在詔獄中的共有楊漣、左光斗、袁化中、周朝瑞、顧大章、魏大中六位東林黨人，被稱為「前六君子」。其中，魏大中被從家鄉嘉善（今屬浙江嘉興）押往京師，路過蘇州，被免職在家的吏部文選員外郎周順昌聽說，

在蘇州碼頭守候，上船拜訪。兩人握手痛哭，周順昌將自己的女兒許配給魏大中的兒子。押解的錦衣衛旗尉威脅說你不要自找死路，周順昌痛罵：「若不知世間有不畏死的男子！你們回去告訴魏忠賢，我是原吏部員外郎周順昌！」魏忠賢得知大恨，讓蘇杭織造太監李實誣告周順昌，將其也逮入詔獄。但是，這一次又激起了巨大民憤。錦衣衛來蘇州抓捕周順昌時，數萬蘇州市民湧上街頭喊冤，當場打死了兩名緹騎。南京守備太監急調重兵鎮壓，才抓走周順昌。許顯純將周順昌牙齒全部敲掉，周順昌將滿口鮮血噴向廠衛，仍痛罵魏忠賢如故，最後受酷刑慘死。不久，高攀龍投水死，周起元、周宗建、繆昌期、黃尊素、李應升均死於詔獄，這七位被稱作「後七君子」。

更值得一提的是，帶領蘇州市民反抗暴政的顏佩韋、楊念如、馬傑、沈揚、周文元五人也被魏忠賢處死，復社（類似於東林書院的民間學術組織）領袖張溥發表了著名的〈五人墓碑記〉，熱情謳歌以這五人為代表的蘇州市民「激昂大義，蹈死不顧」的英雄氣概，揭示了「明死生之大，匹夫之有重於社稷」的中心思想，至今仍是高中語文教材的重點課文。

誠如葉向高《宋論》所示，黨爭確是國家之大害，甚至可以說是王朝覆滅的前兆。明末黨爭異常激烈，很多時候被視為明朝滅亡的直接原因。但事實上，這也是一種對亂世的反制，260歲的大明王朝，至此仍然保持著對貪官奸臣的反制

機制，這已經足以令人感動。當然我們也毋庸諱言，東林黨有些成員後來也投降了清朝，但無論如何，他們在一個嚴重腐敗的亂世中，捨生忘死地和奸黨搏鬥，尤其是那種一個接一個挺身而出，捍衛正義的高尚情懷，無疑是我們這個民族最核心的價值觀展現。

人事有代謝，往來成古今。為什麼我們這個偉大民族不靠封建人身依附，也不靠宗教情懷洗腦，卻能在這個險惡的叢林星球上屹立不倒？正是因為這樣的偉大情懷融入了全民族萬世相承的精神血脈，即便政權組織一朝覆滅，亦終必復振。東林黨，正是那汙濁亂世中為高尚和節義堅守的一束清流，無論這亂世有多麼汙濁，多麼漫長，只要這一束清流尚存，他必能將這個偉大民族最核心的崇高價值傳遞後世。有人說漫長的267年已經阻斷了這束清流。其實沒有，他只是換了一種傳遞形式。看！那黑暗深邃的夜空，高懸著一顆璀璨的星辰在向你閃耀。

8.4 鐵腕肅清

我們不得不面對一個現實：大明王朝已經由最初的明太祖鐵腕肅貪，來到了魏忠賢鐵腕肅清的時代。

明太祖面對一切貪汙腐敗的苗頭，毫不留情，鐵腕肅

8.4 鐵腕肅清

貪。相應的,魏忠賢面對一切高尚正義的苗頭,毫不留情,鐵腕肅清。

明太祖並不因開國元勳們的蓋世功勳就寬宥他們的腐敗行為,連李善長、藍玉都照樣下得了死手。魏忠賢不因剛入宮時受到的照顧就寬宥老太監的正直清廉,連王安都照樣必殺之而後快。

明太祖不怕帝國的根基受損,甚至勇於將肅貪的範圍深入民間。魏忠賢也不怕自己的統治根基受損,甚至激起了普通市民的激烈反抗也在所不惜。

唯一不同的是,明太祖為了肅貪勇於殺自己的駙馬,魏忠賢倒沒有這樣大義滅親的表現。不過這僅僅是因為他的親戚中沒有清官,全是貪官,不然我相信他還是不惜下重手的。

276年的漫長生命拉過,一切都倒置過來,清與貪的顛倒,正是生與死的輪轉。只不過,這個時間太長,如慢性病終成絕症,使我們徐徐看來,竟已忘了這個王朝的初心。時至魏忠賢的時代,誰都知道大明早已積重難返。葉向高以《宋論》暗喻當前的黨爭,並以靖康之難警告那些正在鬥得不亦樂乎的人們,其實也悄悄洩露了一個歷史的謎底——大明馬上就要亡了。但這依然無法警醒大多數人,更何況,有些人的想法正是:如果真要改朝換代,那我更要抓住行情的尾巴,狠撈一筆,不然這花花江山留給誰呀?

既然如此,那我們還是來看一看,最終病發的那一刻,食腐者們是如何用盡生命的力量,在帝國的肌體上啃下最後一口。

9
結局：崇禎的迷茫

9 結局：崇禎的迷茫

不少人說，明思宗是個勵精圖治的好人，只是不幸地遇到了末世。但事實上，他只是有一腔志願，卻連勵精圖治的門都沒摸到。明末的問題很多，明思宗只是想先解決最容易的那個，就已經先壓垮了自己，最可悲的是，到最後他自己都沒找到癥結之所在，就孤苦地自縊煤山。

遼東將門，兩百年來軍功顯赫，無數公侯從苦寒之地走出，他們不願意就這樣結束。關寧鐵騎，天下無敵。但也是可怕的友軍黑洞，有來無去。袁崇煥，他到底是負屈含冤的精忠良臣，還是北京市民分肉食之的奸賊？他到底是明朝的岳飛還是秦檜？其實根本沒那麼複雜，他無非是想為遼東兒郎們撈一點「應得」的利益罷了。

明思宗不怕死，但他就想知道一件事：到底誰是忠來誰是奸？可惜這麼簡單的問題他到整個大明王朝都死了還是沒得到答案。

9.1 明思宗先定個小目標

在資訊時代之前，政界就流傳一個段子：美國總統甘迺迪（Kennedy）有一百個保鏢，其中一個要暗殺他，但他不知道是誰；法國總統密特朗（Mitterrand）有一百個情人，其中一個有愛滋病，但他不知道是誰；蘇聯主席戈巴契夫（Gorbachyov）有一百個經濟學家，其中一個是正確的，但他不知道是誰。這個段子深刻形容了資訊的重要性。其實還可以加一個人上去：明思宗朱由檢有一百個忠臣，其中一個真的是，但他不知道是誰。

毫無疑問，明思宗接手的是一個爛攤子，慢性病已成絕症晚期。但人都有求生的本能，更何況一個曾經偉大的王朝。十六歲登基的明思宗從小接受皇室教育，認為皇帝的勵精圖治是王朝興盛的關鍵，他立志要用自己的一生操勞，換回太祖太宗留下的大明王朝。

但書上沒有教他，皇帝的勵精圖治也只是其中一個因素，而且是在某些限定條件下才有效的因素，他現在已經不符合這些條件了。那現在到底該怎麼辦？他只能自己慢慢去思索。等他思索透了，大明已經亡了——其實到最後他也沒思索透。

明思宗一上臺就剷除魏忠賢及其閹黨，大快人心，但他自己卻有幾件事堵在心裡很難受。首先就是在剷除閹黨時沒有抄到他們的家財，歷史上查抄貪官，大車小車裝不下的盛況不復再現。要說閹黨全是海瑞，家無餘貲，明思宗是無論如何都不信的——換誰也不能信。那是貪官死前就轉移了財產，還是抄家的人吞沒了？其實歷史上不乏抄家時吞沒贓銀，事發也獲罪的情況，但這事得有證據。

更讓明思宗堵得慌的就是這事，他想查一查卻沒人動，一說要查全都一臉無辜的樣子。最讓他不可理解的是，他明

明找了韓爌、錢龍錫這幾個閹黨的大仇人來牽頭處理閹黨案，他們卻都推三阻四，一副害怕得罪人的樣子。所謂有仇不報非君子，那他們肯定就是小人了。但閹黨的對頭是小人，那誰是君子？明思宗已經完全混亂了，官員們似乎全都處於既是君子又是小人的量子疊加態，只有某個行狀被外界觀察到的一瞬間才會坍縮成其中一個確定態。

其實以明朝的情況，忠臣和奸臣區別不大，反正體制在，全都是忠臣，體制一倒，全都要叛國，這是明朝體制的內在特徵。但清官和貪官、智者和蠢貨、老成謀國和牛皮大王還是有區別，作為皇帝還是得把這幾類人分清楚了才知道大致怎麼用人。但從一杯清水中找到一滴墨水容易，從一杯墨水中找到一滴清水就難了，他現在根本不知道到底誰說的話可信，這樣的問題對於明思宗來說已經智商欠費，但就是沒有人來替他充值——因為他沒錢充啊！

不過明思宗還有更大的問題需要解決，總結起來說有以下幾條：

一、黨爭造成巨大撕裂。這是明中後期始終存在的問題，並且越來越嚴重，尤其令明思宗揪心的是，即便閹黨覆滅，黨爭的形勢似乎並無改變，新上臺的人還是很快立起了新的陣營繼續鬥。新任的兩位宰相周廷儒、溫體仁在短短十年間又掀起了一波黨爭的高潮，雖然他們沒有分別取一個黨名，但其實鬥爭之激烈，不亞於閹黨和東林黨之爭。

二、海量白銀湧入造成貨幣體系失控。這是明中後期最宏大的一個社會問題，當時全世界貴金屬供應量暴增，其中大部分又都湧入了中國，明政府原有的貨幣體系已經失控。當然這是一種很客氣的說法，不太客氣的說法是其實它原來根本沒有貨幣體系。張居正的「一條鞭法」又堪稱是向「銀泵」投降，明朝政府徹底失去了對經濟社會的掌控源，這回直接點不客氣地說：社會已經開始覺得既然沒有掌控源，那就不需要這個政府了唄。關於這個問題我還是那句話，什麼封建社會、農耕文明都不是理由，這個問題放在宋朝是機遇，放在明朝就成了挑戰，這是明朝自身公共管理水準拙劣的問題，需要明思宗從根本上解決。

三、嚴重的小冰河期造成農業減產，農耕和游牧的分界線突然大幅南移。宋朝的北方邊界比唐初南移了不少，其實這不是什麼強唐、弱宋的問題，原因很客觀：地球從唐末宋初（約西元 900 至 1000 年）進入了一個嚴重的小冰河期，全球氣溫變冷。氣象學家竺可楨認為南宋是這一次小冰河期的末尾，平均氣溫比北宋低 3℃，北宋比唐初的差距則會更大。氣溫變冷會減少陸地和海洋間的水氣輸運，造成氣候乾旱，北半球而言越往北越嚴重。這樣農耕和游牧的分界線就會南移，所以每逢這樣的時期，中原王朝的北方邊界就會南移，有時候頂不住游牧民族南移潮，會把分界線衝到更南方的位置。

201

約從明世宗嘉靖年間起（約從西元 1522 年起），地球又進入了一個嚴重的小冰河期。竺可楨認為前幾次小冰河期都導致中國人口減少 80% 左右，明朝這一次只減少了 50%。竺可楨當然不會認為這是因為明思宗厲害，他認為只是因為碰巧當時從美洲輸入了馬鈴薯、甘薯和玉米等抗旱高產作物而已。農耕區已經南移，但由於強大的長城防禦體系，明朝頑強地挺住了北方邊界，然而這也形成了軍事防線和社會經濟分界線的錯位。明初修建長城實質上是按當時的 200mm 等降雨量線來規劃的，到明末這裡的實際降雨量已經降到 140mm 以下，長城附近已經不產糧食了，農戶紛紛南遷，這道最重要的國防工程其實已經失去了當地的經濟支持，是一道遠遠懸在農耕區之外的孤牆。

理論上，拆了長城，恢復北宋的鎮、定、高陽三關防禦體系（約在北京以南 220 公里）倒是個辦法，但你也知道明朝不可能這樣做，明太宗「天子守國門」的祖訓已經把京師牢牢地釘在了北京，朝廷每年都只能投巨資透過運河勉強向北京運輸資源，並且投巨資維持長城防禦體系的基本執行。而這樣的巨資有多少進入了貪腐的盤子，這就是天文數字了。這個問題其實沒有人類指望明思宗能解決，但至少可以指望他挺過去，挺到玉皇大帝來解決，大明就能迎來中興。

四、後金（滿洲、清）的崛起。其實在當時看來，這未必能單獨列出來作為一個問題，因為當時的後金（建州女真

衛）只是東北諸多小部落中的一個，算不上很強大，比傳統的瓦剌、韃靼、甚至朵顏三衛都小多了。不過當時後金發展很快，再加上有宋朝「靖康之禍」的深刻教訓，這個問題也不容小覷。

那麼，要解決這麼多問題，以明思宗的能量不可能一蹴而就，他要先定一個小目標，盡快解決了再集中資源依次解決另外幾個。他會先選哪一個呢？看來看去還是第四個可能解決得快點。

9.2 遼東將門養育大清崛起

毋庸諱言，明末最大的策略局勢劇變正是後金的崛起。後來後金發展成為清朝，入主中原取代了明朝。

所謂後金，其實最初是東北的一個小部落。東北是古代鮮卑、契丹、女真等強大民族的發祥地，後被蒙古征服。蒙古帝國崩潰後，東北裂解成無數零散的小部落，這些部落到底是蒙古、契丹、女真還是朝鮮或者渤海的分支已無從考證，明朝將他們泛稱為女真。後金（清）最早可考的祖先叫猛哥帖木兒，蒙古封其為斡朵里萬戶，所以後來很多人認為他們是蒙古的一個分支。明太宗永樂三年（西元 1405 年），猛哥帖木兒入貢，授建州（今遼寧朝陽）左衛指揮使。明朝把

很多部落建成衛所,但實際上不在正規明軍體系之內。這些部落領主繼續領有原部落,部落民仍是他的私有財產而非國家公民。朝廷發給這些領主一些俸祿,需要用兵時他們也有義務率私兵參戰,立功了更有獎賞。當然,他們需要用錢、用奴隸的時候也會入關來搶。所以這是一種且戰且和的羈縻關係。

整個明朝的主要陸上防禦對象是蒙古草原上遺留的無數蒙古部落,大蒙古帝國崩潰後,草原上不說一千,至少也有八百個部落。這些部落一旦被某個強人統一還是相當強大,明朝依託長城工事,設立了九個重要邊鎮:遼東、薊州、宣府、大同、太原(也稱山西或三關鎮)、延綏(也稱榆林鎮)、寧夏、固原(也稱陝西鎮)、甘肅,實際上後來增加了昌平、真保、山海、臨洮四鎮,但習慣上仍稱「九邊」或「九鎮」。早期九邊的重心在中、西方向,陸軍名將楊洪、石亨、王越、仇鸞、曾銑、馬林、杜松都是鎮守中西部的幾個鎮成名,因為主要的蒙古部落都集中在這幾鎮對面。至於東北早已不復遼、金的強大,零散的女真部落構不成太大威脅。但是隨著時間的推進,事情正在起變化。中西部的蒙古部落其實也都是逞蒙古帝國之餘威,兩百多年下來,分裂、內鬥越來越嚴重,整體實力也越來越衰落。相反,東北的女真部落一直慘淡經營,隨著大明和蒙古的各自衰落,他們反而蒸蒸日上。更重要的是,他們一旦統一起來,恢復遼、金的態

勢,其強大不言自喻。

明穆宗隆慶四年(西元 1570 年),俺答汗入貢象徵著東北亞局勢翻開了嶄新的一頁。長城東段的戰亂漸少,大明、蒙古、女真都迎來了一個經濟大發展的階段。明神宗「萬曆三大征」更是女真崛起的黃金機會,就在這時,李成梁來到了遼東戰場。

李成梁,生於明世宗嘉靖五年,卒於明神宗萬曆四十三年(西元 1526 至 1615 年),遼東鐵嶺(今遼寧省鐵嶺市)人。李成梁本有世襲鐵嶺衛指揮僉事軍職,但懷揣著進士夢奮戰科場多年,可惜直到四十歲都沒上演范進中舉,只好放棄理想,參軍報國。從李成梁身上也可以看出明朝的衛所制度已經崩壞。唐宋兵制是國家出錢招募公民自願來參軍,明朝則出現了很大倒退,設計了一套軍戶衛所制,即一些國民被劃定為軍戶,世襲軍職,每一代固定出一個男丁來承襲這個軍職(當然,這個所謂的軍職大多是普通士兵)。每百戶編為一個百戶所,數個百戶所編為一個千戶所(共 1,200 戶),數個千戶所編為一個衛所(共 5,600 戶),數個衛所編為一個都指揮使司。全軍的每個職務,上至指揮使,下至百萬士兵,理論上都是世襲的,一個人離職了他兒子接著做,鐵打的營盤流水的兵。

這是和明代社會經濟發展狀況嚴重脫節的制度,由於市場上有找到更好工作的機會,很多人並不承襲祖傳的軍職,

9 結局：崇禎的迷茫

比如像李成梁這種，不但不承襲軍職，朝廷還允許他參加科舉。要是他考上這一戶的兵源就自動消失了，要是他考不上一直考或者出去找工作了，你也拿他沒轍。明中後期兵源緊張，朝廷只好重啟募兵制，但明朝又沒那麼多錢，所以呈現出一種兵制完全崩潰的慘狀。而來當兵的大多是在社會上找不到更好工作的人，來也是來吃軍糧混日子的，兵源數量和質量都極低。更可怕的是，這些人既然只是把當兵當做一個養家餬口的工作，那他們的目標取向是保家衛國還是賺錢呢？

這種慵懶腐糜的風氣很快會蝕透一支哪怕傳承自徐達、常遇春、明太宗、戚繼光的鐵軍。由於兵源枯竭，遼鎮不敢隨意處罰敗兵，甚至容許逃兵「戴罪立功」，後來大家發現臨陣脫逃已經相當於無罪，漸漸軍紀無存。遼東邊軍的訓練也幾近廢弛，熊廷弼出任遼東經略，校閱遼東兵，讓 30 名火槍兵在 75 公尺射距上每人發射 3 發，共 90 發，結果只有一發上靶！這根本不是真正的軍人，這就是一幫專門來吃軍糧的飯桶！

不過就李成梁個例而言，參軍是一個正確的人生選擇。李成梁奮戰遼東二十二年，累官至遼東總兵官，立功無數，能讓皇帝告捷於太廟的大勝就有十次，號稱明朝後兩百年軍功最盛的邊帥，封寧遠伯，授太子太保、都督同知，世蔭錦衣都指揮使。但李成梁也開始變得驕橫無度，不但在軍中一

手遮天，甚至連東北的商業貿易都要統一到他家的盤子裡，大有將遼東建成他李家藩鎮的勢頭，於是遭到大量彈劾。朝廷對他的處理應該說很合理——將其召回京師閒住，保留寧遠伯虛銜。「萬里三大征」開啟時，御史梅國禎舉薦李成梁統兵，但給事中王德完堅持不可。最終，李成梁之子李如松出戰，參加了三大征中的兩場，屢立奇功，威震四海，成就不在其父之下。

除李如松外，李成梁的另外幾個兒子李如柏、李如楨、李如樟、李如梅以及部將李平胡、李寧、李興、秦得倚、孫守廉等都在三大征中立功無數，加官進爵。結果三大征下來，遼東軍中的李成梁系將領更加強盛。另一方面，李成梁免職十年間，遼東各部叛亂頻繁，朝廷八易遼帥均不能鎮撫，最終首相沈一貫只好請出了 75 歲的老李。老李一回遼東，立刻討平幾股大的反叛勢力，重塑和諧遼東，自己也加官至太傅。

其實這其中奧祕並不複雜——整個軍事指揮體系已經成了李成梁體系。明朝號稱文官掌兵，但軍職都是世襲，兩百多年過去，很多軍官都是十幾世的世交，你一個空降文官怎麼撬得動呢？而且隨著整個社會風氣的糜爛，尚方寶劍恐怕真不如私人感情好使。明思宗想調韓爌、錢龍錫等閹黨仇人來整治閹黨，他們尚且不賣力，你區區一個遼東巡撫、經略憑什麼讓遼東的老軍頭們賣力？

9 結局：崇禎的迷茫

　　仕途起落的李成梁肯定也會思考這其中的個人得失，他清楚他在遼東就是威風八面的大帥，在京師就是混吃等死的寧遠伯，他的身分始終是一名職業公務員而不是分封建國的領主。儘管不斷立功，官爵噌噌噌地漲，但朝廷一紙調令，什麼勢力、威望全都成浮雲。中國的這套公務員體系號稱鐵打的營盤流水的兵，換誰來都差不多，但現在遼東不就離不了我老李嗎？但再需要我，也不會讓我當這裡的國王，我最多過過土皇帝的乾癮，朝廷一紙調令，隨時還是可以讓我離開。

　　但朝廷不是不能調我，我卻可以讓朝廷不敢調我！只要遼東需要我一天，我就能在遼東做一天土皇帝。那麼，我就要讓他一直需要下去。從此，遼東表面上風平浪靜，但其實各部落並不是被李成梁鎮撫安寧，而是和他暗通款曲。李成梁默許諸部發展，甚至劫掠漢民，諸部則時不時讓他打一下立軍功。在朝廷看來，李成梁不斷地立軍功，維持著遼東的和諧，沒他真不行。但實際上，這些部族正是在李成梁的撫育下茁壯成長。這就是所謂的養寇自重。

　　建州左衛指揮使努爾哈赤無疑是李成梁養寇策略最大的受益者。《清史稿》稱努爾哈赤也被李成梁抓過，但因為長得英俊，被李夫人偷偷放了，然後就崛起了。但更多研究認為他早已歸附李成梁，正是他帶著李成梁打殘了女真諸部，所以在女真內鬥中脫穎而出，一統諸部。經過李成梁數十

年「經營」，東北蒙古、女真各部鬥爭激烈，又逢嚴重小冰河期，可謂民不聊生，相對強勢的努爾哈赤趁機大肆兼併，實力越來越強。萬曆四十三年（西元 1615 年），李成梁卒，這下再也沒人管得了努爾哈赤。第二年，努爾哈赤在赫圖阿拉（今遼寧新賓）稱「覆育列國英明可汗」，年號天命，由於當時他自稱是宋代女真族的後裔，所以國號「金」，史稱「後金」。從此，後金取代蒙古成為明朝最大的邊患。

遼東戰場的形勢當然不是明軍守著長城，後金天天來打這麼簡單。朝廷、後金、東蒙古諸部、朝鮮形成了非常複雜的戰和博弈關係。對於後金，抵住朝廷的征剿，爭取東蒙古諸部，發展壯大自身是基本策略。而對於遼東的將門子弟而言，這其實是一個非常可喜的局面，朝廷越重視遼鎮，投入的資源越多，他們報帳就越愉快。萬曆四十六年（西元 1618 年），朝廷因遼事緊急，加派「遼餉」，即每畝田加徵銀九釐，全國共 520 萬兩，全部投入到遼東戰場，遼鎮將門笑開了花。後來明思宗又以練兵和征剿高迎祥、李自成農民起義為由加徵了「練餉」和「剿餉」，合稱「三餉加派」，共計一千七百餘萬兩，是正常賦稅的五倍！正如前文所說，這多出來的五倍都從田稅中擠，一分都不是從商稅中來的，正在忍受小冰河期連年旱災的農民階層即將被壓斷腰，就差兩個人了——哦，不差，高迎祥和李自成剛才已經提過了。

不過這些情況將門子弟不會管，他們只管「三餉加派」這

9 結局：崇禎的迷茫

麼大的盤子，能切塊到自己手裡的有多少。當然，對於遼鎮具體而言，還有一件煩心事，那就是李成梁畢竟死了。儘管遼鎮的利益盤子越滾越大，但也需要操作技巧才能盡可能多地切塊到自家腰包。朝廷空降些文官來，雖然撬不動遼鎮的基本盤，但如果他不乖乖做人的話，也很影響我們切塊，我們急切呼喚一個能夠接替李成梁地位的新遼帥。

而在後金方面，形勢也發生了鉅變。明熹宗天啟六年（清太祖天命十一年，西元 1626 年），努爾哈赤病死。他的四個兒子代善、阿敏（姪）、莽古爾泰、皇太極繼位為四大貝勒，執掌後金八旗聯盟，其中正白旗旗主皇太極後來稱帝，史稱清太宗，當時也是八旗聯盟的實際牽頭人。皇太極疾速改變了東北的局勢，首先是統一後金內部，並改名為滿洲帝國（Manju），漢名清。擊敗了統四十萬眾蒙古國主巴圖魯成吉思汗林丹·巴圖爾，蒙古十六部四十九位領主共尊其為博格達·徹辰汗，相當於又統一了蒙古。皇太極棄用了努爾哈赤四面出擊的暴躁策略，大力發展經濟，儘管時值嚴重小冰河期，但東北還是有一個優勢——肥沃的黑土地，東北的耕作條件比關內的河北相對要好。皇太極採取優惠政策大肆招徠，不少漢人、朝鮮人跑到東北去種田——內地的田賦實在太重了！皇太極在滿洲八旗的基礎上，又設立漢軍八旗和蒙古八旗，使得歸附的蒙古人和漢人都融入了滿洲。

軍隊建設方面，皇太極也頗有建樹。後世有一種錯誤的

觀點，認為八旗軍的優勢是騎射，這可能是受清高宗（愛新覺羅・弘曆，年號乾隆）「我滿洲以騎射為本」一句的誤導，他這句其實指的是鍛鍊身體，不是軍事建設。恰恰相反，建州女真早期對陣蒙古部落，優勢就在於東北鐵礦發達，打造了一支強大的重灌步兵。後期清軍對明軍的優勢更在於火藥武器，大量的漢人降將帶去了火器部隊和戰術戰法，以及火器製造方法，配合東北極高的鋼鐵產量，打造了一支堪稱 17 世紀初最強大的重灌火器部隊。皇太極重用漢人炮手，規定來投的一等炮手賞銀 80 兩，二等炮手賞銀 50 兩，管紅衣炮甲喇章京（相當於明軍的參將）各賞牛一頭、婦女二口。相比之下，明軍的先鋒營精銳士兵月入才二兩銀子。當時貴金屬通貨膨脹很厲害，銀價已經嚴重下跌，但腐朽的明朝仍然不漲薪資，導致優質兵源湧向敵方，軍事形勢就此逆轉。法國史學家勒內・格魯塞（René Grousset）名著《草原帝國》（L' Empire des Steppes）將滿清列為人類歷史上三大「火藥帝國」之一，絕非浪得虛名。

還有一個不得不提的軍事因素──棉花。宋代從印度、阿拉伯引進了粗絨棉（也叫亞洲棉），但產量低、纖維粗，在中國推廣不多。晚明又從美洲引進了長絨棉（海島棉）、細絨棉（陸地棉），非常適合中國種植，大面積推廣，配合江南的機械織造工藝，明末的棉花產量劇增。皇太極深知東北寒冷氣候對戰局的影響，購買了大量棉花，更新軍服。

透過圖4可見，八旗兵的裝束包裹全身，尤其是連線頭盔的高領，耗費大量棉花，但保溫效果確實很好。反觀明軍，直至明亡都沒有普及全身棉衣，甚至有資料稱有些部隊穿著短袖。試想，在嚴重小冰河期，一支穿著短袖的部隊和一支穿棉衣的部隊相遇，哪需要什麼火藥帝國，我先看著你凍僵了再戰。無數軍事家都論證過，後勤裝備是大規模戰役的決定性因素，更是一個超級大國軍事策略的重點，明朝比起後金雖是龐然大物，但由於自身的腐敗，軍事建設尤其是後勤裝備方面出現了嚴重短板，實際上已經遠遠落後於清軍，敗亡只是時間問題。什麼，您說大明皇帝戰至緬甸，不穿棉衣？好吧，這次算您說得通。

圖4　八旗兵軍服模型（拍攝自瀋陽故宮）

不過皇太極還是有一個相當頭疼的問題，就是盤踞在朝鮮打游擊的毛文龍。毛文龍於天啟元年（西元1621年）率197人深入敵後開闢根據地。後金萬萬沒想到明軍會出現在大後方，被毛文龍乘虛攻克了鎮江（今遼寧丹東）。緊接著毛文龍又收復附近的寬甸等六堡，一時名聲大振，遼東漢民紛紛來投，在後金東面建立起一個強大的根據地。從此只要後金一進攻蒙古或遼司，毛文龍都會圍魏救趙，成了後金的跗骨之蛆。皇太極無法在戰場上正面擊垮毛文龍，他也需要一位貼心的遼帥，能夠幫他治住毛文龍。

9.3 關寧鐵騎，天下無敵

比完貪官、清官、大太監，我們再比比部隊。秦有白起、蒙恬的大秦銳士，漢有衛青、霍去病的虎賁校尉，晉有謝玄的北府兵、陳慶之的白袍軍，唐有李世民的玄甲天兵，宋有岳飛的神武後軍，金有完顏兀朮的柺子馬、鐵浮屠，元有成吉思汗的怯薛近衛。那大明武功遠邁漢唐，有什麼經典的鐵軍？明太宗的神機營？鄭和的無敵艦隊？張經的狼兵？曾銑的車營？秦良玉的白桿兵？還是被譽為現代軍事學之父的戚繼光，用現代理念重新訓練的新式軍隊？其實都不是，論名氣他們在關寧鐵騎面前全都不夠看。

9 結局：崇禎的迷茫

　　既然說到岳飛，那我們也忍不住還要比一比被朝廷冤殺的偉大將領。秦有蒙恬，漢有韓信，唐有高仙芝，宋有岳飛，大明呢？很多人認為與他們比肩的正是——袁崇煥。

　　袁崇煥，廣東東莞人，明神宗萬曆四十七年（西元1619年）己未科進士，初任邵武（今屬福建南平）知縣，天啟二年（西元1622年），轉兵部職方司主事，恰遇王化貞、熊廷弼廣寧兵潰。後金既然能襲取固若金湯的廣寧，那自然也能襲破居庸關，直取京師了！一時滿朝震恐，君臣不知所措，甚至有誇張的史料稱明熹宗被嚇哭了。這時袁主事卻自作主張，做出一個驚人之舉——單騎出關，視察關內外情況！安全回來之後還丟了一句豪言：「只要給我兵馬錢糧，我一個人都能守住此地。」

　　英雄啊！

　　全靠英雄您守住雄關，才避免了京師淪為下一個廣寧，您拯救了整個大明，實在是力挽狂瀾的超級英雄啊！

　　注意，北京的君臣們幻想努爾哈赤能殺進居庸關，其實只是他們的幻想。袁崇煥說他能守關，但他並沒有守啊，是老努自己沒打進來——他也不可能這麼做，是這些人自己把自己嚇崩了。但無論如何，在滿朝君臣的眼裡，事情就是這樣的：

　　老努襲取了固若金湯的廣寧城——所以他也能輕鬆襲取京師——那我們就無力抵抗了——袁崇煥說他一個人就能守關——關真的守住了（因為根本沒人來打）。

英雄，請接受我們的讚美吧！

於是，袁崇煥走上了遼東一線，被遼東經略王在晉提拔為寧前道兵備僉事，並派出關外作為文官監軍。袁崇煥在遼東表現不俗，甚至在相當程度上扭轉了明軍多年的劣勢，最著名的一次戰績莫過於天啟六年（西元 1626 年）的寧遠大捷，努爾哈赤起十三萬大軍圍攻寧遠，寧前參政袁崇煥坐鎮城中，堅守不下，最終老努悻悻而去。此戰也算是一場不錯的勝績，不過後來不知怎麼就被嚴重誇大了。不少人說老努捱了袁大人一炮，然後死了，所以袁大人是炮斃敵酋的民族英雄。但正史絕無此說，而且老努在此之後親率大軍西征蒙古，東拒毛文龍，精光四射，全然不像捱了炮子的人。八個月後老努身患毒疽，以 67 歲高齡過世，顯然不是中炮犧牲的。袁崇煥在天啟年間戰績尚可，但也遠沒有某些人吹得那麼神。

天啟七年（西元 1627 年），明思宗繼位，決心集中力量先解決遼東問題。袁崇煥敏銳地察覺到機會，向新皇帝張開了大嘴：「給我足夠的錢糧，五年可以平遼！」

五年平遼！英雄啊，請接受我的讚美吧！

明思宗接手的爛攤子太大，遼事這個小目標不但要解決，還要立即解決，滿朝文武只有袁大人一個人貼了他的心。袁崇煥以兵部尚書兼右副都御史，督師薊遼兼督登萊、天津軍務，還提了很多要求，要戶、工、吏、兵四部在各自

9 結局：崇禎的迷茫

職能上支持他，明思宗立即依言諭令四部臣全力支持。據研究，袁崇煥在遼東一年要用去全國一半的財政收入，明思宗不遺餘力供給。袁崇煥又要求持尚方寶劍，便宜行事。其實明朝督撫普遍持有尚方劍，給一柄也不足為奇，奇就奇在袁崇煥要求朝廷收回王之臣、滿桂等另幾位遼東督撫的尚方劍，讓他一個人大權獨攬，明思宗居然同意了！然而唯有太子太保、平遼將軍總兵官、掛征虜前將軍印、東江總兵官毛文龍的尚方劍未被收回，而且督師薊遼兼督登萊、天津軍務，沒有把毛文龍的東江鎮（駐地在今朝鮮人民民主主義共和國平壤市椵島）包括進來，這讓袁督師非常不爽。

袁崇煥總攬遼事後主要做了四件事：

一、提出「以遼人守遼土」。李成梁死後，朝廷空降多位大員主持遼事，當地勢力遭到嚴重削弱，但又缺乏李成梁這樣的扛把子，無力抵抗。現在廣東人袁崇煥提出以遼人守遼土，他們就把袁督師當成了新的核心。這倒是激發了遼人的積極性，但客觀地說並不符合明朝祖制，也不符合公共管理學的基本原理。很多御史言官指出這是放縱袁崇煥在外鎮結黨專權，但明思宗已經認定了只要袁督師能五年平遼，這個黑鍋也替他背了。

二、排擠外來勢力。遼鎮有了新老大，當然就要排擠外人，蒙古人滿桂、陝西人王之臣、甘肅人趙率教都被擠開，遼人搶回不少職權，歡呼雀躍，堅定了跟著袁督師走的信

念。但浙江人毛文龍遠在朝鮮，無法實施有效排擠，袁督師和皇太極一樣，認為這個人非常討厭！

三、打造出一支「關寧鐵騎」。袁崇煥將世守遼東的將門子弟們整編成一支「關寧鐵騎」，據說是遼東乃至全國第一戰隊、唯一能在野戰中對抗後金騎兵的明軍。現在不少人很崇拜這支部隊，甚至將其與岳飛的神武後軍相比。

四、提出與後金議和。這就不對了，皇上重用你就是想快速平遼，現在老努剛死，機會大好，你卻偏要議和？不是給對方喘息之機嗎？朝廷已經在遼東投了那麼多銀子，等他歇夠了氣你還得投更多來處理 —— 但其實就這意思，哥，你懂的。何況明朝是著名的「不和親，不納幣，不議和」，對外姿態一直很強硬，你個小小的建虜還要議和？袁督師解釋這是緩兵之計，你看以前急於進攻總是失敗，現在應該先穩住皇太極，再步步為營修堡壘擠死他 —— 當然，修堡壘要花很多錢，得找您報帳。明思宗很快又接受了新理念，頂住滿朝文武的壓力表揚了袁崇煥。當然明思宗也不敢公開議和，只是默許袁崇煥私下議和。說實話，這就是在玩火了，為後來明思宗被黑鍋壓斷背埋下重要伏筆。

然而袁崇煥不復「炮斃老努」的神勇，連後金的一個小貝勒都沒宰到，反過來還要議和，17 歲的明思宗智商又欠費了。還沒等他籌到錢充值，袁督師給了他一個驚喜 —— 宰了個大人物 —— 不是皇太極，是毛文龍。

9 結局：崇禎的迷茫

崇禎二年（西元 1629 年）六月，袁崇煥到雙島（今大連金州海域）視察東江鎮，突然出示一份聖旨，宣布毛文龍有十二條大罪當死。這道聖旨當然是袁崇煥自制的，但毛文龍信以為真，當場自盡。也有資料稱袁崇煥是用林沖火併王倫的方式，趁毛文龍跪在地上聽旨時拔劍砍了。總之，袁崇煥是未報朝廷，直接把毛文龍宰了。

且先不論這十二條罪名是否成立，罪犯論死尚且要三奏，你就這樣殺一個太子太保？猜想滿朝文武把袁崇煥撕來吃了的心都有了。不過另外一邊皇太極卻是欣喜若狂，史載他「置酒高會」，大肆慶祝。

這自然會引來朝臣們火藥帝國般的彈劾狂轟，但令人驚訝的是，明思宗沒有從眾意懲處袁崇煥，反而幫他背了這個黑鍋。很簡單，他已經在袁崇煥身上寄託了太多希望，也投了太多銀子，現在撤掉袁崇煥，那之前的投資不都打水漂了嗎？不行，我得讓他把局勢撈回來。這其實就是你股票跌了一大截，明知還要繼續跌但也死活不肯割肉，非要等這支票「解套」的心情。但你知道，等解套的散戶往往會被套得更深，袁崇煥馬上就要給明思宗一個更大的驚喜——皇太極直接到北京城下來問候您了。

崇禎二年（西元 1629 年）十一月，皇太極率女真、蒙古兵馬近十萬，從長城喜峰口關突入，直接攻打了北京城！儘管沒有攻克，但在富裕的京畿爽搶了一個月，然後又安然退

回關外。尤其重要的是，跟著他進來的蒙古諸部也搶了個盆滿缽滿。此舉的重大意義在於皇太極向後金聯盟，尤其是還有些猶豫的蒙古諸部展示了強大的實力——可以直薄北京，還可以帶著你們搶這麼多戰利品，以後就跟定我吧！游牧部族最大的弱點就是聯盟鬆散，某個強人一死，很容易分崩離析。後金更面臨朝廷、林丹汗、小冰河期的多重圍剿，努爾哈赤的死——其實死前已經將這個聯盟送上了絕路，但皇太極的北京一月遊解決了所有問題。問題在於這北京一月遊又是如何做到的？

明太宗以天子守國門，河北、山西一代重重防禦，強大如阿魯臺、也先、小王子、俺答汗，也不是說破就破，皇太極是怎麼帶著幾十個部落的十萬雜牌軍，悠哉遊哉入關來逛一大圈，搶夠了又輕鬆回去的呢？這個問題很關鍵，不得不探。

崇禎二年（西元 1629 年）十月初，皇太極率八旗精銳從遼陽（今屬遼寧）出發，與蒙古諸部大會於蒙古喀喇沁部駐地喀喇城（今河北灤平），共集結兵力近十萬，這幾乎是後金乃至蒙古的全部家底。朝廷已經探知他要入關，袁崇煥對此進行了一系列部署，將主力集結在最東面的山海關和西面的密雲，後發現皇太極從喜峰口入關，宣布由他親率關寧鐵騎鎮守喜峰口關－遵化－薊州－通州－北京這條直線。此戰的形勢如圖 5 所示。

9 結局：崇禎的迷茫

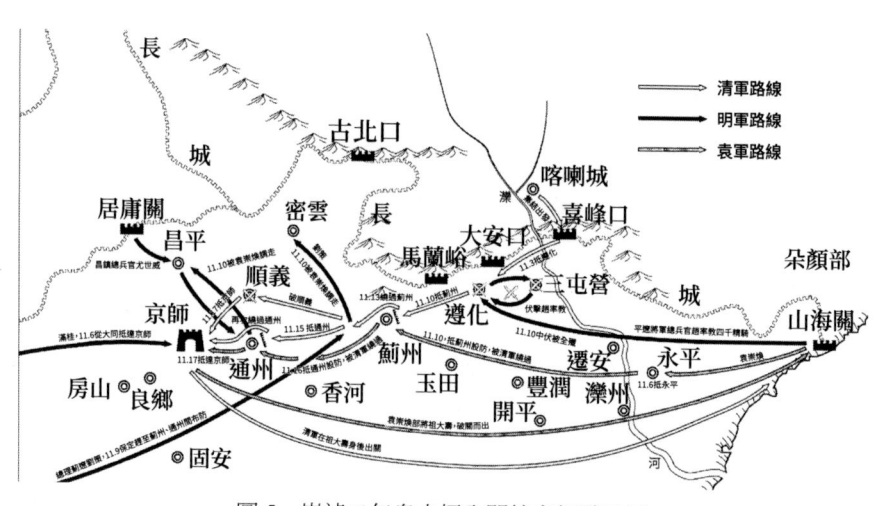

圖5 崇禎二年皇太極入關掠京師戰局圖

　　透過圖5可見，後金聯軍從喜峰口入關後，立即就要面對一座要塞三屯營，然後才是遵化。按常理薊遼督師首先應派兵救援三屯營，他派太子少傅、平遼將軍總兵官趙率教率四千精騎從山海關先行，急趨三屯營。其實三屯營離山海關有三百里，離喜峰口卻只有五十里，等趙率教趕到，別說三屯營，說不定遵化都早已陷落了。所以他只能考慮盡快趕到遵化，如果四千精兵入駐大城遵化，擋住金軍幾天，袁崇煥率主力趕到，皇太極就只能帶著他的旅遊團出關了。然而奇蹟卻發生了──趙率教趕到遵化卻發現後金連三屯營都還沒打！那他就應該將防線前移，入駐三屯營。結果三屯營總兵朱國彥卻拒絕他進城，沒辦法，只好又退往遵化。三屯營距遵化僅三十里，精騎一日可達，然而就在這短短三十里，趙

220

率教遭到後金的精準伏擊，前後堵截。近在咫尺的兩座要塞均未出援，趙率教全軍覆沒。

在自己的國土上遭到這麼精準的大規模伏擊，是不是有點神奇？皇太極敢讓十萬大軍，在關內兩座尚未攻克的要塞之間埋伏一個星期，是不是有點過於神奇？後金全殲趙率教這場戰役怎麼看都像是預先排演好的一樣，不可否認，皇太極也堪稱一代戰神，但他畢竟是人類，出現這種情況只有兩種可能：

一、皇太極事先和趙率教的同事們策劃好一條死路，放他去鑽。

二、趙率教忘了取手機電池，被後金的衛星定位追蹤了。

兩者你至少採信其中一種，不然事情沒法解釋。本來我是比較傾向於相信第二種的，但我發現了一件奇事：後金對朝廷的勝仗全都這樣贏的。

沒錯，薩爾滸戰役、松錦戰役、趙率教戰役以及後來的大凌河戰役等等，金（清）軍總是以精準的伏擊取勝。而且明軍往往會分成幾路，金（清）軍兵力不足，只能伏擊其中一路。沒關係，努爾哈赤有一句名言：「憑你幾路來，我只一路去。」我伏擊完這場再去趕下一場就行了，反正你們跑不掉。當然，也不是絕對跑不掉。關寧鐵騎，天下無敵，每次都能全身而退，只有那些陝西人、甘肅人、四川人、浙江人才總

是記不住取電池。

甘肅人趙率教送死後，皇太極才開始攻打三屯營和遵化，在內應的幫助下輕鬆攻克。皇太極只留八百兵駐守遵化，大軍繼續南下。

留八百兵駐守這麼重要的後路！你瘋了嗎！

沒瘋，現在全東北的明軍都被袁督師集結在山海關，而且他只會拚命堵我的前路，又不會抄我後路，八百兵只是用來維持治安而已啊！

沒錯，袁崇煥向朝廷奏報，他已率關寧鐵騎拚命堵截金軍，最初計劃在遵化阻截，結果晚了一步沒擋住。於是袁大人在薊州設防，可惜被皇太極繞過去了。然後袁大人又趕到通州設防，唉，又被繞過去了。

千里奔援，外鎮友軍總是被金軍精準地伏擊，袁崇煥卻是被精準地繞過去。對此《明史》的解釋是，皇太極害怕袁督師的關寧鐵騎，不敢正面碰他，所以只能繞開。你這就不給力了，才繞這麼幾個小城，你把北京、武漢、廣州都繞過去，看袁督師坐京廣高鐵堵不堵得住你呀！

其實皇太極突破遵化後明思宗已經坐不住了，詔令袁崇煥必須在薊州堵住金軍，就算被繞過，也不能再離開，以斷其後路。而且在袁崇煥之前，右僉都御史，總理薊、遼、保定軍務劉策已率重兵從保定趕到薊州，昌鎮總兵官尤世威率兵從居庸關趕到通州。你們這兩個雲南人、陝西人真是礙手

礙腳，不是說好了中線我親自守嗎？誰讓你們擅離職守？袁督師一紙軍令，讓他們帶著薊州－通州一線的部隊全都滾到密雲去，薊州他親自守。然後──然後當然就是被繞過去咯。之後皇太極又繞過通州，這時袁崇煥沒辦法了，只能率軍直趨北京城下，準備背靠北京城以捍金軍。這時，又一個奇蹟發生了：袁崇煥比皇太極先到北京。

不是說他繞過您嗎？怎麼您先到呢？

其實此時太子太師、大同總兵滿桂已率宣府、大同鎮軍前鋒趕到北京，五千精騎背城列陣，可以先抵住皇太極的正面進攻，然後袁崇煥的九千關寧鐵騎正好腹背夾擊，絕對可以把皇太極打爆，您怎麼偏偏要早一天到呢？一時城內紛紛傳言是袁崇煥率關寧鐵騎引金軍入關。別誤會，這只是傳言──至於十五年後，袁崇煥的弟子吳三桂真的率這支關寧鐵騎引清軍入關，那只是個巧合──絕對是──只能說太巧了。

不過朝廷明令你留在薊州，你非要到北京，而且來得這麼可疑，這可是很危險的，連袁崇煥的副將都勸他不要這樣做。但袁督師慷慨陳詞：「君父有急，何遑他恤？苟得濟事，雖死無憾。（皇上要掛了，我哪還顧得其他？只要能幫上忙，雖死無憾！）」袁督師這種不顧職場潛規則，寧肯自己受猜忌，也要忠心為國的精神極大地打動了後人，很多人正是抓住這一點拚命讚美這位奮不顧身的大忠臣，把無數人感動得

9 結局：崇禎的迷茫

淚流滿面。

接下來，袁崇煥、滿桂便在城下與金軍奮戰。據說關寧鐵騎個個奮勇，袁大人更是身先士卒，身中十餘箭，還好盔甲厚，沒受傷。而宣大軍呢？人家文官出身的袁大人中了十幾箭都沒死，滿桂這個精壯的蒙古漢子居然死在了陣前！五千宣大軍被十萬金軍打成了篩子。關寧鐵騎號稱「友軍黑洞」，杜松的秦軍、戚繼光的浙軍、秦良玉的川軍，都曾威震一方，但只要做了我關寧鐵騎的友軍，一律撲街，你宣大軍也不能搞特殊。現在毛帥掛了，趙帥掛了，滿帥也掛了，能與後金一戰的就剩你袁督師了。然而袁督師卻說：不能打，要議和。

明思宗坐不住了，皇太極十萬重兵突掠京城，這是有點嚇人，但也不至於攻克吧？多挺幾天，勤王軍聚個十萬二十萬還怕他？如果能堵死他的退路，說不定還是個一舉殲滅的機會，怎麼能議和呢？然而袁崇煥就是要議和，不但要議和，還要違制讓關寧軍進城（明朝祖制外鎮兵必須在城下死戰，不得入城），甚至偷偷帶蒙古喇嘛進城來議和。更恐怖的是，滿桂在城下奮戰時，捱了一些箭，上面刻著關寧軍的標誌……城內都在傳言，是袁督師故意把皇太極放進關，恫嚇北京，以達到議和的目的，至於滿桂這種拚死抵抗的，袁督師就要做了他，跟毛文龍、趙率教一個道理。

這終於突破了明思宗的底線，這黑鍋背不下去了，詔令

將袁崇煥下獄。這時更大的奇蹟發生了,唯一可以仰仗的袁督師下獄了,皇太極反而撤軍了!那關寧鐵騎趕緊從背後追擊金軍呀?但這時關寧鐵騎又像來的時候一樣,衝到了金軍前面。遼東總兵祖大壽怒吼:「你們居然把這麼忠義的袁督師抓了?不跟你們玩了!」率關寧鐵騎猛衝到山海關,從關內攻破了此關。您沒有看錯——從關內攻破了山海關!本來山海關大量駐軍正在籌劃斷皇太極後路,被祖大壽突然衝亂,皇太極從容帶兵出關,回頭說:「謝謝,我走啦,再見。」

帶進來還負責帶出去?你這個團還是雙飛?袁崇煥這次嘴再大,怕也是說不清了。經過八個月漫長審訊,朝廷終以「袁崇煥咐託不效,專恃欺隱,以市米則資盜,以謀款則斬帥,縱敵長驅,頓兵不戰。及至城下,援兵四集,盡行遣散。又潛攜喇嘛,堅請入城」罪名處以磔刑,傳首九邊。你「五年平遼」,第二年就平到北京城下?北京市民兩百年不曾見過敵軍打到皇城根下的場面(上一次還是也先),行刑時市民擁塞刑場,付錢買袁崇煥的肉片生吃,可見民憤之大,古今罕見!當然,這種死法比岳飛更慘,所以袁督師的冤屈比岳武穆更大,更加震撼心靈!而殺他的明思宗、群臣,包括買他刺身吃的百姓,你們居然這樣對待這麼偉大的一個英雄,你們良心大大的壞了!

直到今天,還有無數小說、網路文章甚至論文在為這位偉大的民族英雄鳴冤灑淚,造就了無數袁督師的支持者——

9 結局：崇禎的迷茫

　　老實說我也曾是其中一個——而且還是很熱血的那種，經常半夜夢見含冤而死的袁督師都會哭醒。我甚至準備為他寫點什麼，這時我才發現我居然還沒有讀過相關的正史，這麼多年來看的都是些現代文，於是趕緊補補課，這一補很多東西都豁然開朗了。

　　其實袁崇煥這人本不複雜，只要稍微讀一丁點正史——哪怕是一丁點就很容易看清他的真面目——當然，除了我這種要騙稿費的，誰沒事又會去讀文言文呢？這就替一些糊弄軟文大行其道創造了條件。

　　袁崇煥死後十五年，清朝就建立了。清人創作了很多大忠臣袁崇煥的故事，其中最搞笑的莫過於皇太極山寨「蔣幹盜書」的「反間計」。有些史料語焉不詳地記載了袁崇煥下獄後，皇太極率軍北返，他故意安排人在兩個被俘的太監面前說話，「透露」他和袁崇煥之間的密謀，然後故意放這兩人逃掉，傳話給明思宗。明思宗一聽，立即相信袁崇煥確實和皇太極有勾結，冤殺了赤膽忠心的袁督師。這個故事更突顯了袁督師天大的冤屈，也更強烈地控訴了昏庸刻忌的明思宗。儘管正常人類稍一動腦筋就會覺得這事不那麼可靠，但已經被強烈主觀感情充塞的讀者哪還有空去動這份腦筋。類似這種吹捧袁崇煥、控訴明思宗的故事還很多，都很容易讓沒大多數沒認真讀過這段歷史的人所接受。當然，這主要不是為了吹捧袁督師，而是控訴明思宗等明朝君臣的昏庸。

可能有人還不禁要問：袁崇煥這樣賣國，他到底圖什麼？要知道當時還沒有任何人──包括皇太極──都沒想過後金（清）能入主中原。這個問題就更嚴重了。

袁崇煥勾結後金，絕不是看到了後金（清）能入主中原，我甚至相信正是因為在他眼裡後金成不了大氣，所以他才敢這樣做。他並未想過投靠後金，其實也是在利用後金。他的動機和李成梁完全一致，利用後金這個黑洞，吸引國家不斷投資，自己從中漁利──這個利包括銀子，也包括官爵和實權，也就是所謂養寇自重。

袁崇煥巡撫遼東時，也就是努爾哈赤當政後期，後金已命懸一線，明思宗從表面上看已經可以一舉剿滅，所以才會相信「五年平遼」。但袁崇煥絕不能讓後金真的滅了，滅了他手下一大幫遼東將吏就斷了財路，所以他殺毛文龍、賣糧食給後金、甚至封鎖親林丹汗的蒙古部落、放縱親後金的部落劫掠，並且拚命要求議和，都是在替後金續命。

至於後來朝廷逼急了，袁崇煥便出了一個狠招──讓皇太極率女真、蒙古諸部入關大遊行，打到北京城下嚇你一跳，看你還議不議和。而要做到這一步，他就必須先殺掉毛文龍，解決皇太極的後顧之憂；讓趙率教送死，讓劉策、尤世威等部離開薊州、通州，清空喜峰口到北京這條直線，解決皇太極的前方通道；在北京城下關寧軍號稱血戰，結果幾無傷亡，宣大軍卻背靠著本國京城全軍覆沒。儘管沒有確切

9 結局:崇禎的迷茫

史料明證,但我眼前總是忍不住要浮現出滿桂將軍那張怒不可遏的血臉,還在咬碎鋼牙地喊冤:「是袁督師射我!」袁督師也咬牙切齒:「就是老子射你,誰讓你礙事。硬頂上!遼東好兒郎,給我射死這個斷財路的騷韃子!」

儘管清人所留史料絕口不提皇太極和袁崇煥之間的密謀,但皇太極敢帶著全部家底,甚至透支了蒙古諸部的信任,像逛超市一樣深入京畿又安然而回,您說不是薊遼督師事先替他安排好了來回路線,誰又能信呢?

現在有些人把袁崇煥吹捧成岳飛一樣的民族英雄,這真的有點黑色幽默,因為袁崇煥顯然是以秦檜為模板的,甚至有點刻意模仿秦前輩,毛文龍反倒有幾分岳飛的樣子。當然,這兩對組合的層次大不一樣,秦檜及岳飛玩的是全盤大局,袁崇煥及毛文龍則和你身邊某些人只能玩轉處室一樣,只能玩玩遼東一隅,不過格式真的差不多。四人的對比如表3所示。

表3　秦檜、袁崇煥、岳飛、毛文龍情況對比

特徵值	對象			
	秦檜	袁崇煥	岳飛	毛文龍
向皇帝吹牛而受重用	√	√		
起初戰績不俗	√	√	√	√
政治派系領袖	√	√		
堅主和議	√	√		

特徵值	對象			
	秦檜	袁崇煥	岳飛	毛文龍
堅決抗戰			√	√
在戰區屯田			√	√
冤殺武將	√	√		
被文官冤殺			√	√
戰時防衛皇帝前方			√	
清空防衛皇帝前方的軍隊	√	√		
身後很快國滅		√		√
死後歷史評價反轉	√	N/A	√	

　　現在袁督師被吹成了岳飛，他的秦老師也有不少人翻案，這個問題開始越來越亂。其實南宋以來九百年，包括清朝，秦檜這個案一點都不亂，是他與金人勾結，阻撓北伐，殺害岳飛，導致南宋不能恢復中原故地。但近幾年開始有人說秦檜並不想殺岳飛，真正想議和、殺帥的是宋高宗，秦檜只是執行。然而當時南宋站穩腳跟，滅金指日可待，宋高宗作為皇帝憑什麼就不想恢復故土？他的祖墳還在開封呢。現代人拼湊了許多理由，比如「岳家軍」是私軍、岳飛妄議立儲、宋高宗怕岳飛救回他老爹老哥會威脅皇位之類的理由，最後乾脆說這小子就是陽痿，不敢打仗。這些理由其實都跟皇太極的反間計差不多，稍微看點正史或者動點腦筋都知道

9 結局：崇禎的迷茫

不可靠，但封建皇帝在現代的名聲是很臭的，替皇帝扣屎盆子，那多愉快呀，誰還去動這腦筋。

其實秦檜殺岳飛、促和議的動機就和袁崇煥殺毛文龍一模一樣，他也不是想投靠金國，也是利用金國來打造自己在宋朝的權位。他和金國關係最好，宋朝要與金議和，就得仰仗他秦大人。但如果宋高宗和岳飛呼啦啦滅了金國，還要你做什麼？所以，要在宋朝攬權，就要靠金國的外部支持，就得保持宋金策略平衡，就得議和，不議和的就得殺了。可惜秦前輩的水準袁崇煥就比不上了，同樣是養寇自重，人家秦檜就真能做到宋金均勢，兩邊守著江淮一線乾瞪眼，誰也奈何不了誰，都等著我秦太師慢慢替你們協調吧。袁崇煥這一弄就搞砸了，不但身敗名裂，十五年後明朝就亡了。所以，秦檜下的這種大棋，也不是人人都下得起的。

不過袁漢奸得的好處便比不上秦漢奸嗎？這可未必。秦檜一死，他兒子孫子都被革職，秦家其實什麼也沒留下，袁佳氏那可就不一樣了！清軍入關後，當然不能忘了恩公，讓他的後裔加入了正白旗。正白旗，上三旗啊有沒有！儘管比李成梁家的正黃旗略遜一籌，但也夠阿敏的後代自慚形穢了。袁崇煥六世孫袁佳？富明阿當到了吉林將軍，七世孫袁佳？壽山當到了黑龍江將軍。這什麼概念？清朝實施民族隔離，東北滿洲本部只有旗人才能進入，其餘民族嚴禁入內。吉林、黑龍江將軍自然是滿洲核心上層人物才當得到的，這

真是皇恩浩蕩啊！袁佳氏也不負皇恩，富明阿及其子永山在甲午戰爭中血戰捐軀，而壽山在俄軍製造「海蘭泡大屠殺」後，自殺謝罪。清朝有幾個高官這樣輕生死重大義的？唯有繼承袁督師忠勇血脈的袁佳氏一脈呀！號稱明朝最精忠的袁崇煥，他的後代恰恰是清朝最精忠，這不得不說是歷史的黑色幽默。

袁崇煥這種現象可以說是慢性病發展到極致的一種症狀，到這個階段到底還有沒有救？或許隨著醫療技術的進步會有吧，但明朝顯然已經不行了。其實這種養寇自重的方法，只是官僚腐敗體系諸多弊端中的一個，袁崇煥也只是這個龐大隊伍中的一個點。至於他這種做法也不是創新發明，而是從兩百年前起楊洪、石亨、仇鸞、趙文華、李成梁就一以貫之的做法，還有更多的人在做更多更壞的事，而且他們每個人也都只想在帝國的肌體上剜一小塊肉而已，要說袁崇煥剜的這一塊其實不算大，真正的問題在於剜的人太多，結果就剜死了。

所以有人說明朝剮了袁崇煥導致「邊事益無人」從而滅亡，其實哪裡是大明剮了袁崇煥，分明是袁崇煥和萬千貪官一起剮了大明。

9.4 亡國亡天下

　　如果說袁崇煥真的只是一個小點那就更可怕了，抹一個點也沒用呀！

　　其實明朝滅亡的原因並不是清軍入關，而是闖王高迎祥、李自成的農民起義推翻了明朝，建立大順政權，然後關寧鐵騎才引清軍入關來滅了大順。後金（清）的強勢崛起，是引發農民起義的其中一個因素，但不是重點。重點還是在於明朝政府自身拙劣的公共管理能力，在天災的同時，不但不能收取更多的工商稅來賑濟災民，反而還要「三餉加派」，刮取更高的田稅，這樣勢必造成大規模的農戶破產，形成農民起義。在鎮壓農民起義的過程中，明軍的表現比面對外族時更加曖昧，軍官貪汙，士兵又都來自底層，和起義的農民其實是骨肉同胞。李自成的部隊其實戰鬥力很差，甚至可以說連正規軍都算不上，但明軍就是節節敗退，這不是戰鬥力的展現，而是明軍根本不想打。

　　明思宗崇禎十七年（大順永昌元年，清世祖順治元年，西元 1644 年），闖軍攻入北京，明軍四散而逃，只剩下御馬監的騰驤四衛、旗軍、勇衛營這些皇帝私軍以及一些魏忠賢當年訓練的淨軍還在為皇帝浴血奮戰。不過大勢已去，御馬監就算真的有孫悟空，也擋不住大軍壓城。明思宗自縊煤山（在今北京市景山公園內），臨死前拋下一句意味深長的話：

「朕涼德藐躬,上干天咎,然皆諸臣誤朕。」(我固然是個德行涼薄的人,以至遭到上天懲處,但也是被諸臣所誤。)確實,明思宗所遇天時不利,但如果諸臣用心,能與社稷共渡難關,也未必不可支撐到貴金屬流通增速趨於平緩,或者地球氣溫轉暖。所以,根本問題還是在於自身,不能怨天尤人。

明思宗為帝十七年,兢兢業業,據說從來沒有出過北京,每天焦頭爛額地忙到深夜。官員們也每天陪著他忙忙碌碌,但就是不見工作有什麼成效,也沒有人告訴他應該怎麼辦——告訴他自己是怎麼貪汙的,有這邏輯嗎?不過明思宗自己也清楚,其實他就缺一樣——錢,只要有一點點錢很多問題就可以迎刃而解。不需要太多,真的只需要一點點,少一點可以充作軍費鎮壓起義治標,多一點則可以賑濟災民治本,但就是沒有。抄貪官的家撈點錢就別想了,你現在只能重操你們朱家的舊業——化緣。明思宗幾乎是放下帝王之尊,每天帶著哭腔,像當年朱八八當和尚討飯時一樣,求高官富戶們出一點點錢與國家共渡難關,但他們就是不給。其實這也不能全怪他們吝嗇,而是對這個腐敗的體系失去了信任。之前明思宗已經掏空了內帑,但是投進去的錢如同光粒進了黑洞,連湮滅能都探測不到一電子伏特,那我們再出錢不也是餵貪官嗎?

其實在整個明朝滅亡的過程中,幾乎全社會都採取了同

9　結局：崇禎的迷茫

一個態度——坐視。大家已經嫌棄這個腐敗透頂的政府，都不在乎改朝換代了。但改朝換代總是對國家、民族、社會的巨大傷害，挺過去或許就是一個全新的開始，挺不過去被趁虛而入就完蛋了，大多數人的想法還是過於意氣用事了。

果然，李自成農民軍的大順政權不堪一擊，不足百日就被入關的清軍擊潰，中國進入清代。這時國人突然又都表現出一種極其血性的反抗精神，史可法、張煌言、李定國、張同敞、柳如是、夏完淳、鄭成功……這些人原本有的是官，有的是民，有的是妓女，有的是闖賊，有的甚至是海盜，此時全都不計前嫌，紛紛拋頭顱、灑熱血，無數感人事蹟不斷湧現，名動青史，與之前坐視明朝被李自成攻滅的態度形成鮮明對比。惜為時已晚，人雖上億，金銀如海，更兼氣血如虹，但卻沒有一個朝廷統一組織，只能被高度組織化的清軍愉快地收割。

明朝的一些藩王也在南方組建了政權繼續抵抗，企圖以南宋的方式中興大明，史稱「南明」。但做這事的不止一個藩王，不同的大臣擁立了不同的藩王。然而就在這種天下危亡，關鍵是自己的政權都還立足未穩時，某些人還沒改掉黨爭的習氣，依然鬥得不亦樂乎。最後這些小政權也被清軍毫無懸念地一一收割。這其中以閹黨餘孽阮大鋮最為可恥。魏忠賢覆滅時，這位由東林黨轉投閹黨的叛徒並未受到清算，只是免官回家。崇禎十七年（西元 1644 年）初，李自成已兵

臨大同,朝野惶惶。阮大鋮卻覺得是個機會,向首相周廷儒行賄,謀求復官。本來受到極大阻力,但周廷儒以「用人之際」為由,強行起復阮大鋮為兵部右侍郎兼右僉都御史、總督廬陵、鳳陽等處軍務(今江西、安徽一帶)。

明思宗煤山殉國後,福王朱由崧(明神宗第三子福忠王朱常洵之子)在南京稱帝,改元弘光,召阮大鋮為兵部尚書兼右副都御史、巡閱江防。弘光政權前後只存在了八個月,在這短短八個月中,被寄予厚望的阮大鋮不是思報國恩、救亡圖存,而是急於報復東林、復社敵黨,順便中興閹黨。當然,賣官招賄也不能忘了。當時兵勢大亂,很多將領打了敗仗,殘部逃到某個地方,跟兵部連繫上就號稱重新召集「義軍」再戰,要求重新授官。阮大鋮不辨真偽,只要有賄賂就一律大授高官,時人稱「職方不如狗,都督滿地走。」(兵部職方司本是任免武官的部門,但現在還不如狗,都督到處都是。)清軍攻至南京,阮大鋮率一眾官員乞降於江邊,之後又隨清軍繼續進攻南方,死於路途。家鄉人恥於阮大鋮的人品,都不承認他是本地人。桐城和懷寧(均屬今安徽安慶)人都極力考證他是對方而非本縣人,阮大鋮的籍貫竟成懸案,成了一個「無家可歸」的貪官。

清朝統治中國後,開始進入一個長期的低迷期,整個社會形態都發生了劇變。之前明朝固然有很多堪稱暴政的措施,比如火耗、漂沒、三餉加派等等。但清朝卻將這些措施

都定為制度，固定徵收，然後宣布這個徵收比例再也不能變了，號稱「永不加賦」。尤其令人難以接受的是，「三餉加派」中的「遼餉」分明就是針對他們自己的，現在他都當政了還要徵收剿他自己的稅？但總之就是那四個字──悔之晚矣。

一個政權的全面腐敗，讓全天下都對它失去信任，人民必將背棄，甚至有可能背棄它就會得到一個更壞的選擇，當發現新的選擇更壞時，悔之晚矣，這是歷史最大的悲劇。秦檜、袁崇煥的例子重重地警醒著每一個為政者：無論官位高低、權力大小，貪腐不分輕重，合起來就能剮盡骨血，讓百姓徹底背棄，千萬不要幻想「他比我更爛」就能成為人民不推翻你的極端理性依據。亡國，更是亡天下，持續的腐敗不但會造成自身政權覆滅，還會拉上全天下的百姓為之殉葬。

10
結論

閱罷明朝這部歷遍三百年，從絕對清廉走向絕對腐敗的漫長畫卷，胡惟庸、藍玉、王振、石亨、劉瑾、嚴嵩、張居正、魏忠賢、袁崇煥、阮大鋮的酒池肉林似在我們眼前揮之不去，但更多是明太祖、于謙、楊慎、王陽明、沈煉、楊繼盛、海瑞、楊漣、左光斗還有東林、復社諸君子閃耀在黑暗星空的璀璨光華。絕對清廉和極度腐敗，忠肝義膽和貪殘凶頑，三百年上演了一幕幕壯懷激烈的冰與火之歌。尤其令人感動的是，即便到最後一刻，還是有史可法、張煌言、李定國、張同敞、柳如是、夏完淳、鄭成功⋯⋯那麼多來自不同階層的人士在誓死捍衛著不變的高尚和正義。很多時候，他們付出的犧牲，不為扭轉時局，僅僅只是為了捍衛正確的價值觀能夠傳遞後世，鼓舞後人勇敢地站出來和身邊的腐敗行為頑強抗爭。

　　腐敗，作為一種慢性病，其病理特徵在明朝這個朝代展現得可謂淋漓盡致。這一方面是因為明太祖一開始就奠定了一個非常清明的政治環境，整整276年才走向徹底腐敗，這個漫長而又循序漸進的過程讓我們對慢性病的發育機理一覽無遺。另一方面是這個慢性病在明朝這個朝代沒有遇到太大的干擾因素。周有犬戎之亂，漢有黃巾之亂，晉有永嘉之亂，唐有安史之亂，宋有靖康之亂，以往的王朝都是在遭到一次沉重打擊後，國勢突生轉折，最終走向滅亡。但明朝其實沒有，就算是土木堡之變皇帝被瓦剌俘虜，也很快無條件

送還，並未對國勢造成毀滅性打擊。明朝更沒有受到匈奴、鮮卑、突厥、蒙古（特指宋代的大蒙古帝國，不含明代分崩離析的蒙古諸部）這樣的強大外敵持續施壓。它就是在一個非常非常自然的條件下，慢性病由內生發，逐步蔓延，以至全身腐朽。所以，腐敗是任何一個封建王朝都擺脫不了的病魔，明朝已經算是表現相對最不壞的一個。

透過縱覽貪腐這個慢性病在有明三百年的發展歷程，其實我們也不難發現，它的規律性很強，其發展趨勢一般不會出乎醫生的預料。

首先是最高權力的異化和有意無意的散逸。人們把最高權力交給皇帝，然後對皇帝施加巨大的監督，但皇帝卻有意無意地把權力散逸給太監，讓太監代為執行一些見不得光的事，很快太監就成為一個毫無理論依據所以也不受任何約束的權力怪胎。（王振）

然後是一些居心叵測的人找到太監合作，形成內外勾結，共同追名逐利，並取得較大程度的成功。（曹吉祥、石亨、徐有貞）

然後是大多數的沉默，容許這種模式得以生根發育。（紙糊三閣老、泥塑六尚書）

然後是一次高潮，出現一個以太監為核心的龐大貪腐集團。太監想方設法繞開選官制度，安插私人搶占要職，也吸引更多人為了升官來投效閹黨。（劉瑾閹黨）

然後是高潮過後，太監政治稍息，但各式各樣的腐敗形式紛紛冒頭（邵元節、陶仲文、陸炳）

然後是出現文官內部出現巨大的腐敗，本質上和閹黨一樣。（嚴嵩父子及其黨羽）

然後是文官發生激烈內鬥，必須引太監為援，太監政治舊病復發。（張居正引馮保）

然後是閹黨行情來到新高潮，集前代各種腐敗現象之大成。（魏忠賢閹黨）

至此腐敗已達極致，至於明亡的數年，醜惡現象不斷，只是各種病症開始迸發於表面，實則魏忠賢新版閹黨成時已是腫瘤切而復發，病入膏肓。

這個發展過程就是一個封建王朝，從清廉走向腐敗的大致機理，中途偶爾也會出現一些情況加快病變的發展，諸如大禮議、黨爭造成上層的大撕裂，為閹黨提供更多的人力資源，但這些因素只是加快病變，並不改變機理方向。其實任何封建王朝大都循此路數，只不過其他朝代經常被諸如安史之亂、靖康之亂的重大突發事件打斷，但仔細分析，大致方向仍循此路，只是沒有明朝這麼清晰連貫。

所以，掌握一個王朝從清廉走向腐敗的病理其實不難，難的是出現症狀時認清危害，下得了決心醫治。而真正最難的還不是像海瑞、楊慎那樣酣暢淋淋地揮灑一腔熱血，而是克制自己，不要去羨慕張彩、崔呈秀的大富驟貴，棄節投

賊，也不要像張鵬那樣，一遭恫嚇便自甘萎靡，從此化作紙糊泥塑，噤若寒蟬，輕易喪失理想信念，淪為沉默的大多數。可能這樣的要求少部分人做到不難，但要大多數人都做到就真的很難，這也就是哪怕病理再清晰，封建王朝也終究無法避免這個慢性病的原因。但是我想，在和平盛世，對於尋常人來說，其實也不需要個個都做到沈煉、楊繼盛、楊漣、左光斗、東林、復社諸君子那樣的生死大義、烈血忠魂，只需要做到王陽明那樣「此心光明」，相信這個頑固的慢性病就再無落腳之處。

10 結論

參考文獻

1. [漢] 司馬遷 等. 點校本二十四史 [M]. 中華書局, 1978.
2. [宋] 司馬光. 資治通鑑 [M]. 中華書局, 1956.
3. [英] 崔瑞德 等. 劍橋中國史系列 [M]. 中國社會科學出版社, 1992.
4. 周寶珠 等. 中國歷史系列 [M]. 人民出版社, 2007.
5. 當年明月. 明朝那些事兒 [M]. 中國友誼出版公司, 2006.
6. 譚天星. 明代內閣政治 [M]. 中國社會科學出版社, 1996.
7. 黃如一. 煮酒話太宗 [M]. 山西人民出版社, 2012.
8. [明] 楊士奇 等. 大明太宗文皇帝實錄 [EB/OL]. http://www.docin.com/p-121106830.html.
9. 歐陽琛. 明代的司禮監 [J]. 江西師範大學學報（哲學社會科學版）, 1983(4).
10. 宋佳. 明代內閣、司禮監與皇權之間的關係 [J]. 黑龍江史志, 2011(15)：13-14.
11. 宋靜. 從祕書角度看明代的宦官集團 [J]. 祕書, 2003(3).
12. 方志遠. 明代的御馬監 [J]. 中國史研究, 1997(2).

參考文獻

13. 曾瑞龍．拓邊西北：北宋中後期對夏戰爭研究 [M]. 北京大學出版社，2013.

14. [唐] 吳兢．貞觀政要 [M]. 黃山書社，2002.

15. [唐] 李靖．唐太宗李衛公問對 [M]. 三秦出版社，1999.

16. 楊鶴皋．魏晉隋唐法律思想研究 [M]. 北京大學出版社，1994.

17. 王迪．明代成化時期政局研究——以閣臣、司禮太監、後妃為中心 [D]. 南開大學，2011.

18. [明] 陳洪謨．治世餘聞 [M]. 商務印書館，1937.

19. 李涵．明代廠衛是如何誕生的 [J]. 現代閱讀，2015(4)：18-19.

20. 丁易．明代特務政治 (老書新刊)[M]. 群眾出版社，2008.

21. 吳晗．明代的錦衣衛和東西廠 [M]. 中華書局，1979.

22. [美] 何炳棣．中華帝國成功的階梯：社會流動面面觀 [M]. 哥倫比亞大學出版社，1962.

23. 郭培貴．二十世紀以來明代科舉研究述評 [J]. 中國文化研究，2007(3)：156-168.

24. 何忠禮．二十世紀的中國科舉制度史研究 [J]. 歷史研究，2000(6)：142-155.

25. 王培宇．科學制度史上的作弊防範及其當代啟示 [J]. 教育與考試, 2010(1)：41-45.

26. 郭培貴．明代科舉的發展特徵與啟示 [J]. 清華大學學報（哲學社會科學版）, 2006(6)：77-84.

27. 郭培貴．明代科舉各級考試的規模及其錄取率 [J]. 史學月刊, 2006(12)：24-31.

28. 沈登苗．也談明代前期科舉社會的流動率——對何炳棣研究結論的思考 [J]. 社會科學論壇, 2006(9)：81-93.

29. [清] 趙翼．廿二史札記 [M]. 鳳凰出版社, 2008.

30. 黃阿明．明代贖罪制度及其濫用——以劉瑾罰米法為例的考察 [J]. 歷史教學問題, 2004(2)：58-62.

31. 吳思．財政陰史——太監劉瑾成為千年世界鉅富之謎 [J]. 百姓, 2002(6)：13-21.

32. 田陽, 魯河．中國史上「最富」太監劉瑾 [J]. 當代檢察官, 2011(11)：32-32.

33. 韓大成．明代的官店與皇店 [J]. 故宮博物院院刊, 1985(4)：30-35.

34. [明] 吳承恩．西遊記 [M]. 人民文學出版社, 2008.

35. 沈承慶．話說吳承恩 [M]. 北京圖書館出版社, 2000.

36. [英] 李約瑟．中國科學技術史 [M]. 科學出版社, 2010.

參考文獻

37. [德] 岡德·弗蘭克. 白銀資本：重視經濟全球化的東方 [M]. 中央編譯出版社, 2008.

38. [英] 加文·孟席斯. 1421：中國發現世界 [M]. 京華出版社, 2005.

39. [美] 亨利·季辛吉. 論中國 [M]. 企鵝出版社, 2011.

40. 李亞平. 帝國政界往事 [M]. 北京出版社, 2007.

41. [美] 黃仁宇. 放寬歷史的視界 [M]. 中華書局, 2001.

42. [美] 黃仁宇. 萬曆十五年 [M]. 中華書局, 2007.

43. 肖立軍. 明代財政制度中的起運與存留 [J]. 南開學報（哲學社會科學版）, 1997(2)：68-73.

44. 韋慶遠. 張居正和明代中後期政局 [M]. 廣東高等教育出版社, 1999.

45. 何宗美. 張居正改革對晚明黨爭及文人結社的影響 [J]. 社會科學輯刊, 2003(4)：93-97.

46. 田澍. 腐敗與弊政：張居正施政的另一面 [J]. 西北師範大學學報（社會科學版）, 2001, 38(6)：43-47.

47. 葉振鵬. 中國歷代財政改革研究 [M]. 中國財政經濟出版社, 1999.

48. 陳昆. 寶鈔崩壞、白銀需求與海外白銀流入 —— 對明代白銀貨幣化的考察 [J]. 南京審計學院學報, 2011, 08(2)：26-34.

49. [美]何炳棣. 美洲作物的引進、傳播及其對中國糧食生產的影響（三）[J]. 世界農業, 1979(5)：34-41.

50. [美]何炳棣, 巫仁恕. 揚州鹽商：十八世紀中國商業資本的研究[J]. 中國社會經濟史研究, 1999(2)：59-76.

51. [美]何炳棣, 謝天禎. 中國歷史上的早熟稻[J]. 農業考古, 1990(1)：119-131.

52. 王思明. 美洲作物在中國的傳播及影響研究[M]. 中國三峽出版社, 2010.

53. [美]包弼德. 唐宋轉型的反思——以思想的變化為主[J]. 中國學術, 2000(3)：63-87.

54. [美]ConradSchimkauc RobertHymes. 變理天下：中國宋代通向國家和社會的道路[M].Berkeley：University of California Press, 1993.

55. [清]趙爾巽. 清史稿[M]. 中華書局, 1977.

56. [清]佚名. 滿洲實錄[EB/OL]. http://www.guoxue123.com/shibu/0201/ 00mzsl/index.htm.

57. 姚念慈. 滿族八旗制國家初探[M]. 北京燕山出版社, 1996.

58. [法]勒內·格魯塞. 草原帝國[M]. 商務印書館, 2007.

59. 胡昭曦. 宋蒙（元）關係史[M]. 四川大學出版社, 1992.

60. [明] 計六奇. 明季北略 [M]. 中華書局, 1984.

61. [明] 談遷. 國榷 [M]. 中華書局, 2005.

62. [明] 鄧凱. 崇禎長編 [M]. 北京古籍出版社, 2002.

63. 閻崇年. 明亡清興六十年 [M]. 中華書局, 2006.

64. 閻崇年. 袁崇煥研究論集 [C]. 臺北文史哲出版社, 1984.

65. [清] 畢沅. 續資治通鑑 [M]. 中華書局, 2008.

66. [宋] 李燾. 續資治通鑑長編 [M]. 中華書局, 2004.

67. [清] 黃以周. 續資治通鑑長編拾補 [M]. 中華書局, 2004.

68. 鄧廣銘. 岳飛傳 [M]. 人民出版社, 1983.

69. 黃如一. 鐵血強宋 [M]. 雲南人民出版社, 2009.

70. 黃如一. 五代遼宋夏金戰爭故事 [M]. 貴州教育出版社, 2016.

71. 黃如一. 釣魚城保衛戰 [M]. 貴州教育出版社, 2016.

72. 葛金芳. 宋代經濟：從傳統向現代轉變的首次啟動 [J]. 中國經濟史研究, 2005（01）.

73. [宋] 宇文懋昭. 大金國志 [M]. 中華書局, 1986.

74. 劉浦江. 關於金朝開國史的真實性質疑 [J]. 歷史研究, 1998（06）.

75. [宋] 徐夢莘 . 三朝北盟會編 [M]. 上海古籍出版社 , 2008.

76. [宋] 李心傳 . 建炎以來繫年要錄 [M]. 上海古籍出版社 , 1992.

77. 錢穆 . 中國歷代政治得失 [M]. 生活 · 讀書 · 新知三聯書店 , 2001.

78. 竺可楨 . 中國近五千年來氣候變遷的初步研究 [J]. 氣象科技 , 1973(S1): 15-38.

國家圖書館出版品預行編目資料

冰火大明──封建帝國末路的終章：從官僚權鬥到崇禎悲劇，明朝終局的權力迷局 / 黃如一 著． -- 第一版 . -- 臺北市：崧燁文化事業有限公司，2024.08
面； 公分
POD 版
ISBN 978-626-394-655-2(平裝)
1.CST: 明史 2.CST: 通俗史話
626.09　　113011646

電子書購買

爽讀 APP

臉書

冰火大明──封建帝國末路的終章：從官僚權鬥到崇禎悲劇，明朝終局的權力迷局

作　　者：黃如一
發 行 人：黃振庭
出 版 者：崧燁文化事業有限公司
發 行 者：崧燁文化事業有限公司
E - m a i l：sonbookservice@gmail.com
粉 絲 頁：https://www.facebook.com/sonbookss/
網　　址：https://sonbook.net/
地　　址：台北市中正區重慶南路一段 61 號 8 樓
8F., No.61, Sec. 1, Chongqing S. Rd., Zhongzheng Dist., Taipei City 100, Taiwan
電　　話：(02) 2370-3310　　傳　　真：(02) 2388-1990
印　　刷：京峯數位服務有限公司
律師顧問：廣華律師事務所 張珮琦律師

-版權聲明-
本書版權為淞博數字科技所有授權崧燁文化事業有限公司獨家發行電子書及紙本書。若有其他相關權利及授權需求請與本公司聯繫。
未經書面許可，不得複製、發行。

定　　價：350 元
發行日期：2024 年 08 月第一版
◎本書以 POD 印製
Design Assets from Freepik.com